NOTICE

DE

LIVRES CLASSIQUES

A L'USAGE

1° DE L'ENSEIGNEMENT SECONDAIRE CLASSIQUE

(LYCÉES, COLLÈGES, SÉMINAIRES, INSTITUTIONS ET PENSIONS)

2° DE L'ENSEIGNEMENT SUPÉRIEUR

—◦◇◦—

PARIS

LIBRAIRIE HACHETTE ET Cie

79, BOULEVARD SAINT-GERMAIN, 79

Août 1892

TABLES DES MATIÈRES

	Pages.
1° Pédagogie.	3
1° Programmes et Manuels pour divers examens.	3
3° Étude de la langue française.	4
4° Histoire; Chronologie; Mythologie.	8
5° Géographie	10
6° Philosophie; Droit; Économie politique.	12
7° Sciences et Arts.	
§ 1. Arithmétique et applications diverses.	14
§ 2. Géométrie; Arpentage; Dessin.	14
§ 3. Algèbre; Géométrie analytique; Géométrie descriptive; Trigonométrie.	14
§ 4. Mécanique.	15
§ 5. Cosmographie.	15
§ 6. Physique; Chimie.	16
§ 7. Histoire naturelle.	16
8° Étude de la langue latine.	16
9° Étude de la langue grecque ancienne.	20
10° Étude des langues vivantes.	
Langue allemande.	24
Langue anglaise.	27
Langue italienne.	30
Langue espagnole.	30

On adressera franco aux personnes qui en feront la demande :

Le catalogue des livres d'éducation et d'enseignement;
Le catalogue des livres de littérature générale et de connaissances utiles;
Le catalogue des livres reliés pour les distributions de prix;
Le catalogue des livres à l'usage des bibliothèques populaires;
Le catalogue des livres pour étrennes;
Le catalogue des livres espagnols;
Le catalogue des fournitures de classes;
Le catalogue du matériel nécessaire pour l'enseignement pratique des sciences.

1° PÉDAGOGIE

Bigot (Ch.), *Questions d'enseignement secondaire*. 1 vol. in-16 br. 3 fr. 50
Bréal (Michel), inspecteur général de l'instruction publique. *Quelques mots sur l'instruction publique en France*. 1 vol. in-16, broché. 3 fr. 50
— *Excursions pédagogiques* en Allemagne, en Belgique et en France. 1 vol. in-16, broché. 3 fr. 50
— *De l'enseignement des langues anciennes*. 1 vol. in-16, broché. 2 fr.
— *Réforme de l'orthographe française*. 1 vol. in-16, broché. 1 fr.
Compayré. *Histoire critique des doctrines de l'éducation en France depuis le XVI° siècle*. 2 vol. in-16, brochés. 7 fr.
— *Études sur l'enseignement et sur l'éducation*. 1 vol. in-16, broché. 3 fr. 50
Ferneuil. *La réforme de l'enseignement en France*. 1 vol. in-16, br. 3 fr. 50
Fouillée (A.), ancien maître de conférences à l'École normale supérieure. *L'enseignement au point de vue national*. 1 vol. in-16, broché. 3 fr. 50
Gréard (O.), vice-recteur à l'Académie de Paris. *Éducation et instruction*. 3 vol. in-16, brochés :
— *Enseignement secondaire*. 2 vol. 7 fr.
— *Enseignement supérieur*. 1 vol. 3 fr. 50
Chaque ouvrage se vend séparément.
Martin. *L'éducation du caractère*. 1 vol. in-16, broché. 3 fr. 50
Rochard (D' Jules). *L'éducation de nos fils*. 1 vol in-16, broché. 3 fr. 50
— *L'éducation de nos filles*. 1 vol. in-16, broché. 3 fr. 50

2° PROGRAMMES ET MANUELS POUR DIVERS EXAMENS

Livret scolaire à l'usage de l'enseignement secondaire classique, in-4°, cartonné toile. 60 c.
Livret scolaire à l'usage de l'enseignement secondaire moderne, in-4°, cartonné toile. 60 c.
Ces livrets existent soit pour les lycées et collèges, soit pour les établissements libres.
Mémento du baccalauréat de l'enseignement secondaire classique. Édition entièrement refondue et rédigée conformément au programme du 8 août 1890.

PREMIÈRE PARTIE

Littérature, comprenant : Conseils sur les épreuves écrites ; — Notices sur les auteurs et les ouvrages grecs, latins, français, allemands et anglais, indiqués pour l'explication orale ; — Notions de Rhétorique et de Littérature classique, par M. Albert Le Roy. 1 vol. petit in-16 cartonné. 5 fr.
Histoire et Géographie, comprenant : l'Histoire de l'Europe et de la France de 1610 à 1789 et la Géographie de la France (classe de Rhétorique), par MM. G. Ducoudray et Poux. 1 vol. petit in-16 cartonné. 3 fr. 50
Partie scientifique, comprenant : des notions d'Arithmétique (Troisième), d'Algèbre (Troisième et Seconde), de Géométrie (Quatrième, Troisième et Seconde) et de Cosmographie (Rhétorique), par MM. Bos et Barré. 1 vol petit in-16 cartonné. 2 fr.

SECONDE PARTIE
PREMIÈRE SÉRIE

Philosophie, comprenant : Conseils sur la composition de philosophie, Histoire de la Philosophie, Auteurs de Philosophie, Histoire contemporaine 1789-1889, par MM. R. Thamin et G. Ducoudray, 1 vol. petit in-16, cartonné 5 fr.
Sciences, comprenant : Éléments de Physique, de Chimie et d'Histoire naturelle, par M. Banet-Rivet, professeur au lycée Charlemagne, 1 vol. petit in-16, cartonné. 2 fr.

DEUXIÈME SÉRIE

Mathématiques, comprenant : l'Arithmétique, l'Algèbre, la Géométrie, la Géométrie descriptive, la Trigonométrie et la Mécanique, par MM. Bos, Bezodis, Pichot et Mascart, agrégés de l'Université. 1 vol. petit in-16, cartonné, 5 fr.
Physique et Chimie, par M. Banet-Rivet, 1 vol. petit in-16, cart. 3 fr. 50
Histoire et Philosophie, comprenant l'Histoire contemporaine (1789 à 1889) des éléments de Philosophie scientifique et morale, par MM. G. Ducoudray et B. Worms. 1 vol. petit in-16, cartonné, 2 fr.

Mémento du baccalauréat ès lettres. Edition conforme aux programmes de 1885. 4 vol. in-16, cartonnés.
PREMIER EXAMEN, *partie littéraire.* 1 vol. 5 fr.
PREMIER EXAMEN, *partie historique et géographique.* 1 volume. 5 fr.
DEUXIEME EXAMEN, *partie philosophique et historique.* 1 volume. 5 fr.
DEUXIÈME EXAMEN, *partie scientifique.* 1 volume. 5 fr.
Plan d'études et programmes de l'enseignement secondaire classique dans les lycées et collèges. Brochure in-16. 1 fr. 25
Plan d'études et programmes de l'enseignement secondaire moderne, arrêtés le 15 juin 1891. Brochure in-16. 1 fr. 25
Plan d'études et programmes de l'enseignement secondaire des jeunes filles, arrêtés le 28 juillet 1882. Brochure in-16. 1 fr.
Programme des examens du baccalauréat de l'enseignement secondaire classique. In-16. 30 c.
Programme de l'examen du baccalauréat de l'enseignement secondaire moderne (1891). In-16. 30 c.
Programme pour l'admission à l'Ecole polytechnique. In-16. 20 c.
Programme des conditions d'admission à l'Ecole navale. Brochure in-16. 30 c.

3° ÉTUDE DE LA LANGUE FRANÇAISE

Albert (Paul), ancien professeur au Collège de France. *La poésie*, études sur les chefs-d'œuvre des poètes de tous les temps et de tous les pays. 1 vol. in-16, broché. 3 fr. 50
— *La prose*, études sur les chefs-d'œuvre des prosateurs de tous les temps et de tous les pays. 1 vol. in-16, br. 3 fr. 50
— *La littérature française*, des origines à la fin du XVIe siècle. 1 vol. in-16, br. 3 fr. 50
— *La littérature française au* XVIIe *siècle.* 1 vol. in-16 broché. 3 fr. 50
— *La littérature française au* XVIIIe *siècle.* 1 vol. in-16, broché. 7 fr.
— *La littérature française au* XIXe *siècle.* 2 vol. in-16, brochés. 7 fr.
— *Variétés.* 1 vol. in-16, broché. 3 fr. 50
Barrau. *Méthode de composition et de style*, ou principe de l'art d'écrire en français, suivi d'un choix de modèles 1 vol. in-16, cartonné. 2 fr. 75
— *Exercices de composition et de style,* ou sujets de descriptions, de narrations, de dialogues et de discours. 1 vol. in-16, broché. 2 fr.
Berthet (J.), professeur de rhétorique au Prytanée militaire : *La composition française à l'examen de Saint-Cyr.* 1 vol. in-16, broché. 2 fr.
Bigot. *Lectures choisies de français moderne.* 1 vol. in-16, cart. toile. 1 fr. 50
Brachet (Auguste), lauréat de l'Academie française. *Nouvelle grammaire française*, fondée sur l'histoire de la langue. 1 vol. in-16, cartonné. 1 fr. 50
Brachet (suite). *Exercices sur la nouvelle grammaire française*, par M. Dussouchet, agrégé de grammaire :
 Livre de l'élève. 1 v. in-16, cart. 1 fr. 50.
 Livre du maître. 1 v. in-16, cart. 2 fr.
— *Petite grammaire française.* 1 vol. in-16, cartonné. 80 c.
— *Exercices* sur la petite grammaire française, par M. Dussouchet :
 Livre de l'élève. 1 vol. in-16, cart. 80 c.
 Livre du maître. 1 vol. in-16, cart. 1 fr.
 Voir Morceaux choisis des écrivains français du XVIe siècle.
Brachet (A.) et **Dussouchet,** professeur au lycée Henri IV : *Cours de grammaire française*, rédigé conformément au programme de 1885, à l'usage de l'enseignement secondaire. 8 vol. in-16, cartonnage toile :

Cours élémentaire.

Grammaire française à l'usage des classes élémentaires, comprenant de nombreux sujets d'exercices oraux et écrits. livre de l'élève. 1 vol. 1 fr. 20
Exercices complémentaires comprenant le corrigé des exercices du livre de l'élève, des questionnaires, une liste des homonymes, un lexique explicatif et des exercices complémentaires, avec corrigés ; à l'usage des professeurs. 1 vol. 2 fr. 50

Cours moyen.

Grammaire française à l'usage des classes de 6e et de 5e. 1 vol. 1 fr. 20

ÉTUDE DE LA LANGUE FRANÇAISE

Exercices sur le Cours moyen de grammaire française à l'usage des élèves. 1 vol. 1 fr.

Exercices complémentaires comprenant le corrigé des exercices du livre de l'élève et des exercices complémentaires avec corrigés; à l'usage des professeurs. 1 vol. 2 fr. 75

Cours supérieur.

Grammaire française à l'usage de la classe de Quatrième et des classes supérieures. 1 vol. 2 fr. 50

Exercices étymologiques. 1 vol. 1 fr.
Corrigé des Exercices étymologiques. 1 vol. 2 fr.

Cahen (A.), professeur de rhétorique au collège de Rollin : *Morceaux choisis des auteurs français*, prose et vers, publiés conformes au programme du 28 janvier 1890, à l'usage de l'enseignement secondaire classique, avec des notices et des notes, 8 vol. in-16, cartonnage toile :
   Classe de Huitième. 1 vol. » »
   Classe de Septième. 1 vol. » »
   Classe de Sixième. 1 vol. 1 fr. 50
   Classe de Cinquième. 1 vol. 2 fr. 50
   Classe de Quatrième. 1 vol. 3 fr.
   Classes de Troisième, Seconde et Rhétorique. 2 vol. Prose, 1 vol. 4 fr.
   Poésie, 1 vol. 3 fr. 50

Chassang, ancien inspecteur général de l'instruction publique. *Modèles de composition française*, empruntés aux écrivains classiques, à l'usage des classes supérieures et des aspirants au baccalauréat. 1 vol. in-16, cart. 2 fr.

Classiques français. Nouvelle collection format petit in-16, publié avec des notices, des arguments analytiques et des notes, par les auteurs dont les noms sont indiqués entre parenthèses.
Ces éditions se recommandent par la pureté du texte, la concision des notes, la commodité du format, l'élégance et la solidité du cartonnage.

Boileau : L'art poétique (Geruzez). 40 c.
— Œuvres poétiques (Geruzez). 1 fr. 50
Bossuet : Sermons choisis (Rébelliau). Prix : 3 fr.
Buffon : Morceaux choisis (E. Dupré). Prix : 1 fr. 50
— Discours sur le style. 30 c.
Chanson de Roland. Extraits (G. Paris.). Prix : 1 fr. 50
Choix de lettres du XVIIe *siècle* (Lanson). Prix : 2 fr. 50
Choix de lettres du XVIIIe *siècle* (Lanson). Prix : 2 fr. 50
Corneille : Le Cid (Petit de Julleville). Prix : 1 fr.
— Cinna (Petit de Julleville). 1 fr.
— Horace (Petit de Julleville). 1 fr.
— Nicomède (Petit de Julleville). 1 fr.
— Le Menteur (Lavigne). 1 fr.
— Polyeucte (Petit de Julleville). 1 fr.
Extraits des chroniqueurs (Paris et Jeanroy). 2 fr. 50
Fénelon : Fables (A. Regnier). 75 c.
— Sermon pour la fête de l'Épiphanie (G. Merlet). 60 c.
— Télémaque (Chassang). 1 fr. 80
Florian : Fables (Geruzez). 75 c.
Joinville : Histoire de saint Louis (Natalis de Wailly). 2 fr.
La Bruyère : Caractères (G. Servois et Rébelliau). 2 fr. 50
La Fontaine : Fables (Thirion). 1 fr. 60
Lamartine : Morceaux choisis. 2 fr.
Molière : L'Avare (Lavigne). 1 fr.
— Le Misanthrope (Lavigne). 1 fr.
— Le Tartufe (Lavigne). 1 fr.
Pascal : Provinciales I, IV, XIII (Brunetière). 1 fr. 50
Racine : Andromaque (Lavigne). 75 c.
— Britannicus (Lanson). 1 fr.
— Esther (Lanson). 1 fr.
— Iphigénie (Lanson). 1 fr.
— Les plaideurs (Lavigne). 75 c.
— Mithridate (Lanson). 1 fr.
Rousseau : Extraits en prose (Brunel). Prix : 2 fr.
Sévigné : Lettres choisies (Ad. Regnier). Prix : 1 fr. 80
Théâtre classique (Ad. Regnier). 3 fr.
Voltaire : Charles XII (Waddington). Prix : 2 fr.
— Siècle de Louis XIV (Bourgeois). Prix : 2 fr. 75
— Extraits en prose (Brunel). 2 fr.
— Choix de lettres (Brunel). 2 fr. 25
D'autres volumes sont en préparation.

Classiques français, format in-16. Éditions annotées par les auteurs dont les noms sont indiqués entre parenthèses.

Bossuet : Discours sur l'histoire universelle (Olleris). 2 fr. 50
— Oraisons funèbres (Aubert). 1 fr. 60
Corneille : Théâtre choisi (Geruzez). Prix : 2 fr. 50

Fénelon : Dialogues des morts (B. Jullien). 1 fr. 60
— Dialogues sur l'éloquence (Delzons). Prix : 80 c.
— Opuscules académiques. 80 c.
Massillon : Carême (Colincamp). 1 fr. 25
Montesquieu : Grandeur et décadence des Romains (C. Aubert). 1 fr. 25
Racine : Théâtre choisi (E. Geruzez). Prix : 2 fr. 50
Rousseau (J.-B.) : Œuvres lyriques (Geruzez). 1 fr. 50
Voltaire : Théâtre choisi (Geruzez). Prix : 2 fr. 50

Delon. *La grammaire française d'après l'histoire.* 1 volume in-16, cartonnage toile. 3 fr.

Demogeot, agrégé de la Faculté des lettres de Paris. *Histoire de la littérature française* depuis ses origines jusqu'à nos jours. 1 vol. in-16, broché. 4 fr.
— *Textes classiques de la littérature française*, extraits des grands écrivains français, avec notices, appréciations et notes; recueil servant de complément à l'*Histoire de la littérature française*. Nouvelle édition, revue et augmentée. 2 vol. in-16, cartonnés. 6 fr.
  I. *Moyen âge*, XVIe et XVIIe siècles. 3 fr.
  II. XVIIIe et XIXe siècles. 3 fr.

Filon (A.). *Éléments de rhétorique française.* 1 vol. in-16, cartonné. 2 fr. 50
— *Nouvelles narrations françaises*, avec des arguments, à l'usage des candidats au baccalauréat. In-16, broché. 3 fr. 50

Labbé, professeur au collège Rollin, *Morceaux choisis des classiques français* (prose et vers), 3 vol. in-16, cart. :
  Cours élémentaire. 1 vol. 1 fr.
  Cours moyen. 1 vol. 1 fr. 50
  Cours supérieur. 1 vol. 1 fr. 50

Lafaye. *Dictionnaire des synonymes de la langue française.* 4e édition, suivie d'un supplément. 1 vol. gr. in-8, broché. 23 fr.
Le cartonnage en percaline gaufrée se paye en sus 2 fr. 75 c.; la demi-reliure en chagrin, 4 fr. 50.

Lanson, professeur de rhétorique au lycée Charlemagne: *Conseils sur l'art d'écrire.* Principes de composition et de style à l'usage des élèves des lycées et collèges et des candidats au baccalauréat. 1 vol. in-16, cart. toile. 2 fr. 50

Lanson (suite). *Études pratiques de composition française*, sujets préparés et commentés pour servir de compléments aux *Conseils sur l'art d'écrire.* 1 vol. in-16, cartonnage toile. 2 fr.

Lehugeur (A.). *La chanson de Roland*, traduite en vers modernes, avec le texte ancien. 1 vol. in-16, broché. 3 fr. 50

Littré. *Dictionnaire de la langue française*, contenant la nomenclature la plus étendue, la prononciation et les difficultés grammaticales, la signification des mots avec de nombreux exemples et les synonymes, l'histoire des mots depuis les premiers temps de la langue française jusqu'au XVIe siècle, et l'étymologie comparée et augmentée d'un *Supplément*. 5 vol. gr. in-4 à 3 colonnes, broché. 112 fr.
La reliure en demi-chagrin se paye en sus 24 fr.

Littré et Beaujean, ancien inspecteur de l'Académie de Paris. *Abrégé du Dictionnaire de la langue française de Littré*, contenant tous les mots qui se trouvent dans le dictionnaire de l'Académie française, plus un grand nombre de néologismes et de termes de science et d'art; 9e édit. entièrement refondue et conforme, pour l'orthographe, à la dernière édition du dictionnaire de l'Académie française. 1 vol. grand in-8, broché. 13 fr.
Cartonnage toile. 14 fr 50
Relié en demi-chagrin. 17 fr.

— *Petit dictionnaire universel*, ou Abrégé du dictionnaire de la langue française de Littré, avec une partie mythologique, historique, biographique et géographique, fondue alphabétiquement avec la partie française; 8e édition. 1 vol. grand in-16, cartonné. 2 fr. 50

Marais. *Recueil de compositions françaises.* Lettres, récits, discours, dissertations, sujets et développements, à l'usage des candidats au baccalauréat et à l'école de Saint-Cyr. 1 volume in-16, broché. 1 fr. 50

Merlet, professeur de rhétorique au lycée Louis-le-Grand. *Études littéraires sur les classiques français des classes supérieures et du baccalauréat.* Nouvelle édition conforme aux programmes de 1885. 2 vol. in-16, brochés. 8 fr.
  I. Corneille. — Racine. — Molière, 1 vol. 4 fr.

ÉTUDE DE LA LANGUE FRANÇAISE

H. Chanson de Roland. — Joinville. — Montaigne. — Pascal. — La Fontaine. — Boileau. — Montesquieu. — La Bruyère. — Bossuet. — Fénelon. — Voltaire. — Buffon. 1 vol. 4 fr.

— *Supplément aux études littéraires* de M. G. Merlet, comprenant Villehardouin, Froissart, Commines; celles des XVII⁰ et XVIII⁰ siècles, Voltaire et Rousseau, par M. Lintilhac, professeur au lycée Louis-le-Grand. 1 vol. in-16, broché. 2 fr.

Méthode uniforme pour l'enseignement des langues, par M. E. Sommer.

Abrégé de grammaire française. 1 vol. in-16, cartonné. 75 c.

Exercices sur l'Abrégé de grammaire française. 1 vol. in-16, cart. 75 c.

Corrigé desdits exercices. In-16, br. 1 fr.

Cours complet de grammaire française. 1 vol. in-8, cartonné. 1 fr. 50

Exercices sur le Cours complet de grammaire française. In-8, cart. 1 fr. 50

Voir pages 18 et 23, pour les *langues latine et grecque*.

Morceaux choisis des grands écrivains français du seizième siècle, accompagnés d'une grammaire et d'un dictionnaire de la langue du XVI⁰ siècle, par M. Aug. Brachet. 1 vol. in-16, cart. 3 fr. 50

Pellissier, professeur à Sainte-Barbe. *Morceaux choisis des classiques français*, en prose et en vers. Recueils composés à l'usage des classes de grammaire et d'humanité. 6 vol. in-16, cartonnés :

   Classe de Sixième, 1 vol. 1 fr.
   Classe de Cinquième, 1 vol. 1 fr.
   Classe de Quatrième, 1 vol. 1 fr.
   Classe de Troisième, 1 vol. 2 fr.
   Classe de Seconde, 1 vol. 2 fr.
   Classe de Rhétorique, 1 vol. 2 fr.

— *Premiers principes de style et de composition*. (Abrégé de la rhétorique française.) 1 vol. in-16, cartonné. 1 fr. 50

— *Sujets et modèles de compositions françaises*, destinés à servir d'application aux premiers principes de style, à l'usage des classes élémentaires. 1 vol. in-16, cartonné. 1 fr. 50

— *Principes de rhétorique française*. 1 vol. in-16, cartonné. 2 fr. 50

— *Sujets et modèles de compositions françaises*, destinés à servir d'application aux principes de rhétorique, à l'usage des classes supérieures et des candidats au baccalauréat. 1 v. in-16, cart. 2 fr. 50

Pellissier (suite). *Les grandes leçons de l'antiquité classique*. (Tableau des origines de la civilisation gréco-romaine), avec extraits. 1 vol. in-16, broché. 4 fr.

— *Les grandes leçons de l'antiquité chrétienne*. (Tableau des origines de la civilisation moderne.) 1 v. in-16, broché. 5 fr.

Pressard, professeur au lycée Louis-le-Grand. *Lectures littéraires et morales*, à l'usage des classes élémentaires. 1 vol. petit in-16, cartonné. 1 fr. 25

Quicherat (L.). *Petit traité de versification française*. In-16, cartonné. 1 fr.

Quinet (Edgar). *Pages choisies*, à l'usage des lycées et collèges. 1 vol. in-16, cartonné. 2 fr.

Sommer. *Petit dictionnaire des rimes françaises*. In-18, cart. 1 fr. 80

— *Petit dictionnaire des synonymes français*. 1 vol in-18, cart. 1 fr. 80

— *Manuel de l'art épistolaire*. 2 vol. gr. in-18, brochés. 3 fr. 25

— *Manuel de style*, ou préceptes et exercices sur l'art de composer et d'écrire en français. 2 vol. gr. in-18, brochés. 3 fr.

Voir *Méthode uniforme pour l'enseignement des langues*, page 6, 18, 23.

Soulice (Th.). *Petit dictionnaire de la langue française*. In-18, cart. 1 fr. 50

Soulice et Sardou. *Petit dictionnaire raisonné des difficultés et exceptions de la langue française*. In-18, cart. 2 fr.

Tridon Péronneau. *Recueil de compositions françaises*. 1 vol. in-16, br. 2 fr.

— *Nouveau Recueil de compositions françaises*. 1 vol. in-16, br. 1 fr.

— *Questions de littérature et d'histoire*. 1 vol. in-16. 2 fr.

Vapereau, inspecteur général honoraire de l'instruction publique. *Esquisse d'histoire de la littérature française*. 2⁰ édition. 1 vol. in-16, cart. toile. 1 fr. 50

— *Éléments d'histoire de la littérature française*, contenant : 1⁰ une esquisse générale; 2⁰ une suite de notices sur les époques, les genres et les principaux écrivains, avec un choix d'extraits de leurs ouvrages. 3 vol. cartonnage toile.

   Tome I⁰ʳ : *Des origines au règne de Louis XIII*. 1 vol. in-16, cartonné. Prix : 3 fr. 50

   Tome II : *Règnes de Louis XIII et de Louis XIV*. 1 vol. 3 fr. 50

   Tome III (en préparation).

4° HISTOIRE, CHRONOLOGIE, MYTHOLOGIE

Berthelot (A.), maître de conférences à l'École des Hautes-Études. *Les grandes scènes de l'histoire grecque*, morceaux choisis des auteurs anciens et modernes. 1 vol. in-16 avec figures, cartonnage toile. 2 fr. 50

Bouillet. *Dictionnaire universel d'histoire et de géographie.* Édition entièrement refondue. 1 vol. gr. in-8, br. 21 fr. Le cartonnage se paye en sus 2 fr. 75.

Ducoudray agrégé d'histoire. *Histoire contemporaine, de 1789 à 1891*, à l'usage de la classe de Philosophie. 1 fort vol. in-16, avec cartes, cartonnage toile. 6 fr.
— *Histoire de la civilisation.* 1 fort vol. in-16, broché. 7 fr. 50

Duruy (V.), *Cours d'histoire*, nouvelle édition, refondue conformément aux programmes du 28 janvier 1890, sous la direction de M. E. Lavisse, professeur à la Faculté des lettres de Paris. 5 vol. in-16, avec gravures et cartes, cartonnage toile :
Classe de Cinquième. *Histoire grecque.* 1 vol. 3 fr. 50
Classe de Quatrième : *Histoire romaine.* 1 vol. 4 fr.
Classe de Troisième : *Histoire de l'Europe et de la France jusqu'en 1270.* 1 vol. 4 fr. 50
Classe de Seconde : *Histoire de l'Europe et de la France, de 1270 à 1610.* 1 vol. 5 fr.
Classe de Rhétorique : *Histoire de l'Europe et de la France, de 1610 à 1789.* 1 vol. 5 fr.
— *Histoire ancienne des peuples de l'Orient*, classe de Sixième. 1 vol. in-16, cartonné 3 fr. 50
— *Petit cours d'histoire universelle.* Nouvelle édition avec des cartes et des gravures. Format in-16, cartonné :
Petite histoire ancienne. 1 fr.
Petite histoire grecque. 1 fr.
Petite histoire romaine. 1 fr.
Petite histoire du moyen âge. 1 fr.
Petite histoire moderne. 1 fr.
Petite histoire de France. 1 fr.
Petite histoire générale. 1 fr.
— *Petite histoire sainte.* In-18, cart. 80 c.

Duruy (suite). *Histoire des Grecs*, depuis les temps les plus reculés jusqu'à la réduction de la Grèce en province romaine. 2 vol. in-8, brochés. 12 fr.
— *Histoire des Romains*, depuis les temps les plus reculés jusqu'à Dioclétien. 7 vol. in-8, brochés. 52 fr. 50

Duruy (G.), professeur au lycée Henri IV. *Biographies d'hommes célèbres*, rédigées conformément aux programmes de 1885, à l'usage de la classe Préparatoire. 1 vol. in-16, avec gravures, cart. 1 fr.
— *Histoire sommaire de la France, depuis l'origine jusqu'à la mort de Louis XI*, conforme au programme de 1890, pour la classe de Huitième. 1 vol. in-16, avec cartes et gravures, cartonné. 1 fr.
— *Histoire sommaire de la France, depuis la mort de Louis XI jusqu'à 1815*, conforme au programme de 1890, pour la classe de Septième 1 vol. in-16, avec cartes et gravures, cart. 1 fr. 50
Les deux parties réunies en un seul vol. cartonné. 2 fr. 50

Fustel de Coulanges. *La cité antique*, 1 vol. in-16, broché. 3 fr. 50

Gasquet, professeur à la Faculté des lettres de Clermont-Ferrand. *Précis des institutions politiques et sociales de l'ancienne France.* 2 vol. in-16, br. 8 fr.

Geruzez. *Petit cours de mythologie*; nouv. édit. avec 48 grav. In-16, cartonné. 1 fr. 25

Histoire universelle, publiée par une société de professeurs et de savants, sous la direction de M. V. Duruy. Format in-16, broché :
La terre et l'homme, par M. Maury. 6 fr.
Chronologie universelle, par M. Dreyss. 2 vol. 12 fr.
Histoire générale, par M. Duruy. 4 fr.
Histoire sainte d'après la Bible, par le même. 3 fr.
Histoire ancienne des peuples de l'Orient par M. Maspero. 6 fr.
Histoire grecque, par M. Duruy. 4 fr.
Histoire romaine, par le même. 4 fr.
Histoire du moyen âge, par le même. 4 fr.

HISTOIRE

Histoire des temps modernes, de 1453 jusqu'à 1789, par le même. 4 fr.
Histoire de France, par le même. 2 volumes. 8 fr.
Histoire d'Angleterre, par M. Fleury. 4 fr.
Histoire d'Italie, par M. Zeller. 5 fr.
Histoire de Russie, par M. Rambaud. 6 fr.
Histoire de l'Autriche-Hongrie, par M. Louis Léger. 5 fr.
Histoire de l'empire Ottoman, par M. de la Jonquière. 6 fr.
Histoire de la littérature grecque, par M. Pierron. 4 fr.
Histoire de la littérature romaine, par le même. 4 fr.
Histoire de la littérature française, par M. Demogeot. 4 fr.
Histoire des littératures étrangères, par le même. 2 vol. 8 fr.
Histoire de la littérature anglaise, par M. Augustin Filon. 6 fr.
Histoire de la littérature italienne, par M. Etienne. 4 fr.
Histoire de la physique et de la chimie, par M. Hoefer. 4 fr.
Histoire de la botanique, de la minéralogie et de la géologie, par le même. 4 fr.
Histoire de la zoologie, par le même. 4 fr.
Histoire de l'astronomie, par le même. 4 fr.
Histoire des mathématiques, par le même. 4 fr.
Dictionnaire historique des institutions, mœurs et coutumes de la France, par M. Chéruel. 2 vol. 12 fr.

Joran, professeur d'histoire au collège Stanislas. *Programme développé d'histoire des temps modernes et d'histoire littéraire*, à l'usage des candidats à l'école spéciale milit. de St-Cyr. 1 v. in-16, br. 4 fr. 50

Jullian (C.), professeur à la Faculté des lettres de Bordeaux. *Gallia*. Tableau sommaire de la Gaule sous la domination romaine. 1 vol. in-16, cart. toile. 3 fr.

Lalanne (Ludovic). *Dictionnaire historique de la France*. 1 vol. gr. in-8, br. 21 fr.
Le cartonnage se paye en sus 2 fr. 75.

La Ville de Mirmont (H. de), maître de conférences à la Faculté des lettres de Bordeaux. *Mythologie élémentaire des Grecs et des Romains*, précédée d'un précis des mythologies orientales. 1 vol. in-16 avec 45 figures d'après l'antique, cartonnage toile. 1 fr. 50

Lectures historiques, rédigées conformément au programme du 28 janvier 1890 à l'usage des lycées et collèges. 6 vol. in-16 avec gravures, cart. toile.

Histoire ancienne (Egypte, Assyrie), à l'usage de la classe de Sixième, par M. G. Maspero, membre de l'Institut, 1 vol. 5 fr.
Histoire grecque (Vie privée et vie publique des Grecs), à l'usage de la classe de Cinquième, par M. P. Guiraud, maître de conférences à l'Ecole normale supérieure. 1 vol. 5 fr.
Histoire romaine (Vie privée et vie publique des Romains), à l'usage de la classe de Quatrième, par le même, 1 vol. 5 fr.
Histoire du moyen âge, à l'usage de la classe de Troisième, par M. Ch.-V. Langlois, maître de conférences à la Faculté des lettres de Paris. 1 vol. 5 fr.
Lectures historiques, rédigées conformément au programme du 28 janvier 1890 pour la classe de Seconde (Histoire du moyen âge et des temps modernes), par M. Mariejol, professeur à la Faculté des lettres de Rennes. 1 vol. 5 fr.
Lectures historiques, rédigées conformément au programme du 28 janvier 1890 à l'usage de la classe de Rhétorique (Histoire des temps modernes), par M. Lacour-Gayet, professeur au lycée Saint-Louis. 1 vol. » »

Lehugeur (Paul). *Sommaires d'histoire romaine*. 1 vol. in-16, cart. toile. 1 fr. 50

Luchaire, professeur à la Faculté des lettres de Paris. *Manuel des Institutions françaises* (Période des Capétiens directs). 1 vol. in-8, broché. 15 fr.

Maspero, membre de l'Institut. *Histoire de l'Orient* (Egypte, Chaldéens et Assyriens, les Israélites et les Phéniciens, les Mèdes et les Perses), ouvrage rédigé conformément au programme du 28 janvier 1890, pour la classe de Sixième. 1 vol. in-16, illust. de 48 gr. et de 6 cart. en couleurs, cart. toile. 2 fr. 50

Van den Berg. *Petite histoire ancienne des peuples de l'Orient*. 1 vol. petit in-16, avec cartes et gravures, cart. 3 fr. 50
— *Petite histoire des Grecs*, 1 vol. petit in-16, avec 19 cartes et 85 gravures. cartonnage toile. 4 fr. 50

5° GÉOGRAPHIE

Atlas manuel de géographie moderne, composé de 54 cartes imprimées en couleur. 1 vol. in-folio, relié. 32 fr.

Cortambert. *Atlas :*

Atlas (petit) *de géographie ancienne* (16 cartes). Gr. in-8, cart. 2 fr. 50

Atlas (petit) *de géographie du moyen âge* (15 cartes). Gr. in-8 cart. 2 fr. 50

Atlas (petit) *de géographie moderne* (20 cartes). Gr. in-8, cart. 3 fr. 50

Atlas (petit) *de géographie ancienne et moderne* (40 cartes). Gr. in-8. 7 fr. 50

Atlas (petit) *de géographie ancienne, du moyen âge et moderne* (56 cartes). Gr. in-8, cart. 9 fr.

Atlas de géographie moderne (66 cartes in-4), relié en percaline. 12 fr.

Atlas (nouvel) *de géographie ancienne, du moyen âge et moderne* (100 cartes in-4), relié en percaline. 16 fr.

— *Nouveau Cours complet de géographie*, contenant les matières indiquées par les programmes de 1890, à l'usage des lycées et des collèges. 7 vol. in-16, cart., avec gravures dans le texte, et accompagnés d'atlas in-8 :

Géographie élémentaire des cinq parties du monde (classe de Huitième). 1 volume. 80 c.

Atlas correspondant (23 cartes). 1 volume. 3 fr. 50

Géographie élémentaire de la France (classe de Septième). 1 vol. 1 fr. 20

Atlas correspondant (14 cartes). 1 volume. 2 fr. 50

Géographie générale du monde et du bassin de la Méditerranée (classe de Sixième). 1 vol. 1 fr. 50

Atlas correspondant (33 cartes). 1 volume. 5 fr.

Géographie de la France (classe de Cinquième). 1 vol. 1 fr. 50

Atlas correspondant (41 cartes). 1 volume. 3 fr. 50

Géographie générale et géographie du continent américain (classe de Quatrième). 1 vol. 2 fr. 50

Atlas pour la classe de Quatrième (30 cartes). 1 vol. 5 fr.

Géographie de l'Afrique, de l'Asie et de l'Océanie (classe de Troisième). 1 vol. » »

Atlas pour la classe de Troisième (32 cartes). 1 vol. 5 fr.

Géographie de l'Europe (classe de Seconde). 1 vol. 3 fr.

Atlas correspondant (22 cartes). 1 vol. Prix. 3 fr. 50

Géographie de la France (classe de Rhétorique). 1 vol. 3 fr.

Atlas correspondant (18 cartes). 1 vol. Prix. 3 fr. 50

— *Cours de géographie*, comprenant la description physique et politique, et la géographie historique des diverses contrées du globe. 1 vol. in-16, cart. 4 fr. 25

— *Petit cours de géographie moderne*. 1 vol. in-16, cartonné. 1 fr. 50

Joanne (P.) *Géographies départementales de la France et de l'Algérie.* 87 v. in-16, cart.

La description de chaque département accompagnée d'une carte et de gravures, et suivie d'un dictionnaire alphabétique des communes, se vend séparément. 1 fr.

Le département de la Seine. 1 fr. 50

L'Algérie, par M. Fillias. 1 fr. 50

Meissas et **Michelot.** *Atlas et cartes.*

PETITS ATLAS FORMAT IN-8°

A. *Atlas élémentaire de géographie moderne* (8 cartes écrites). 2 fr. 50

B. *Le même*, avec 8 cartes muettes (16 cartes), cartonné. 3 fr. 50

C. *Atlas universel de géographie moderne* (17 cartes écrites), cart. 5 fr.

D. *Le même*, avec 8 cartes muettes (25 cartes), cartonné. 6 fr.

E. *Atlas de géographie ancienne et moderne* (36 cartes écrites), cart. 9 fr.

F. *Le même*, avec 8 cartes muettes (44 cartes), cartonné. 10 fr.

GÉOGRAPHIE

G. *Atlas universel de géographie ancienne, du moyen âge et moderne et de géographie sacrée* (54 cartes écrites), cartonné. 14 fr.

H. *Le même*, avec 8 cartes muettes (62 cartes), cartonné. 15 fr.

Atlas de géographie ancienne (19 cartes écrites), cartonné. 5 fr.

Atlas de géographie du moyen âge (10 cartes écrites), cart. 3 fr. 50

Atlas de géographie sacrée (8 cartes écrites), cartonné. 2 fr.

Chacune des cartes écrites séparément. 35 c.

GRANDS ATLAS FORMAT IN-FOLIO.

A. *Atlas élémentaire* (8 cartes écrites). 6 fr.

B. *Le même*, avec 8 cartes muettes (16 cartes), cartonné. 11 fr. 50

C. *Atlas universel* (12 cartes écrites), cartonné. 10 fr. 50

D. *Le même*, avec 9 cartes muettes (20 cartes), cartonné. 15 fr.

E. *Atlas universel* (19 cartes écrites). 15 fr.

Chaque carte séparément. 1 fr.

GRANDES CARTES MURALES.

Chaque carte murale est accompagnée d'un questionnaire qui est donné gratuitement aux acquéreurs de la carte à laquelle il se réfère. Chaque questionnaire se vend en outre séparément 30 c.

Les cartes en 16 feuilles ont 1 m. 80 de hauteur sur 2 m. 50 de largeur. Celles en 20 feuilles ont 1 m. 80 de hauteur sur 2 m. 80 de largeur.

Le collage sur toile, avec gorge et rouleau, se paye en sus : 1° pour les cartes en 16 feuilles, 12 fr. ; 2° pour les cartes en 20 feuilles, 14 fr.

Géographie ancienne.

Empire romain écrit. 16 feuilles. 10 fr.

Géographie moderne.

Afrique écrite. 16 feuilles. 10 fr.

Amériques septentrionale et méridionale écrites. 20 feuilles. 12 fr.

Asie écrite. 16 feuilles. 10 fr.

Europe écrite. 16 feuilles. 9 fr.

France, Belgique et Suisse écrites. 16 feuilles. 9 fr.

Mappemonde écrite. 20 feuilles. 12 fr.

Mappemonde muette. 20 feuilles. 10 fr.

— *Nouvelles grandes cartes murales* indiquant le relief du terrain, tirées en couleur sur 12 feuilles jésus mesurant 2 mètres de haut sur 2 mètres 10 de large.

Le collage sur toile, avec gorge et rouleau, se paye en sus. 12 fr.

Europe écrite. 15 fr.

France muette ou *écrite*. 15 fr.

Il existe aussi une collection de *petites cartes murales*, dont le détail se trouve dans la Notice des livres élémentaires.

— *Géographie ancienne*. In-16. 2 fr. 50

— *Petite géographie ancienne*. In-18. 1 fr.

— *Géographie sacrée*. In-18, cart. 1 fr. 25

Reclus (Onésime). *Géographie : la terre à vol d'oiseau*. 2 vol. in-16, broché. 10 fr.

— *France, Algérie et colonies*, 1 vol. in-16, broché. 5 fr. 50

Schrader et Gallouédec, professeur d'histoire au lycée d'Orléans. *Nouveau cours de géographie* rédigé conformément aux programmes de 1890 pour l'Enseignement secondaire classique. 7 vol. in-16, avec gravures, cartes.

Classe de Cinquième. 1 vol. 3 fr.

Les autres volumes sont en préparation.

Schrader et Prudent. *Grandes cartes murales*. Ces cartes sont imprimées en couleur et mesurent 1 mètre 60 sur 1 mètre 90. En vente :

Amérique du Sud écrite ; — France politique écrite.

Chaque carte en feuilles, 9 fr. ; collée sur toile avec œillets, 15 fr. ; collée sur toile avec gorge et rouleau, 16 fr.

Schrader, Prudent et Anthoine : *Atlas de géographie moderne*, 64 cartes in-f° imprimées en couleurs et accompagnées d'un texte géographique, statistique et ethnographique, et d'un grand nombre de cartes de détail, figures, diagrammes, etc., relié. 25 fr.

— *Atlas à l'usage de l'enseignement secondaire classique*. Extraits de l'Atlas de géographie in-folio :

Classe de Quatrième (16 cartes). 7 fr.
Classe de Troisième (19 cartes). 7 fr. 50
Classe de Seconde (18 cartes). 7 fr. 50
Classe de Rhétorique (11 cartes). 6 fr.

— *Atlas de poche*, contenant 51 cartes en couleur, in-8, cart. toile. 3 fr. 50

6° PHILOSOPHIE, DROIT, ÉCONOMIE POLITIQUE

AUTEURS FRANÇAIS

Condillac: *Traité des sensations*, livre I. Nouvelle édition, annotée par M. Charpentier, professeur de philosophie au lycée Louis-le-Grand. Petit in-16, br. 1 fr. 50

Descartes: *Discours de la méthode; première méditation*. Nouvelle édition classique, annotée par M. Charpentier. 1 vol. petit in-16, cart. 1 fr. 50
— *Les principes de la philosophie*, livre I. Nouvelle édition, annotée par le même auteur. 1 vol. petit in-16, br. 1 fr. 50

Leibniz: *Extraits de la Théodicée*, publiés et annotés par M. P. Janet, de l'Institut. 1 vol. petit in-16, cart. 2 fr. 50
— *Nouveaux essais sur l'entendement humain*, avant-propos et livre I, publié d'après les meilleurs manuscrits, avec des notes, par M. P. Lachelier, maître de conférences à la Faculté des lettres de Caen. 1 vol. petit in-16, cart. 1 fr. 75
— *La monadologie*, publiée d'après les manuscrits de la bibliothèque de Hanovre, avec notes, par le même. Pet. in-16 c. 1 fr.

Malebranche: *De la recherche de la vérité*, livre II, annoté par M. R. Thamin, maître de conférences à la Faculté des lettres de Lyon. Petit in-16, cart. 1 fr. 50

Pascal: *Opuscules philosophiques* publiés par M. Adam, chargé du cours de philosophie à la Faculté des lettres de Dijon. 1 vol. petit in-16, cart. 1 fr. 50

AUTEURS LATINS

Cicéron: *De natura Deorum*, livre II. Texte latin, annoté par M. Thiaucourt, maître de conférences à la Faculté des lettres de Nancy. 1 vol. petit in-16, cartonné. 1 fr. 50
Le même ouvrage, traduction française, de J.-V. Le Clerc, sans le texte latin. 1 vol. petit in-16, broché. 1 fr.
— *De officiis*, libri tres. Texte latin, annoté par M. H. Marchand. 1 v. in-16, cart. 1 fr.
Le même ouvrage, traduction française, par M. Sommer, sans le texte latin, 1 vol. in-16, broché. 1 fr. 50

Lucrèce: *De natura rerum*, livre V. Texte latin, annoté par MM. Benoist et Lantoine. 1 vol. petit in-16, cart. 90 c.
— *De la nature*, traduction française, par M. Patin. 1 vol. in-16, broché. 3 fr. 50

Sénèque: *Lettres à Lucilius* (les seize premières). Texte latin, annoté par M. Aubé, ancien professeur de philosophie au lycée Condorcet. 1 vol. petit in-16, cartonné. 75 c.
Le même ouvrage, traduction française par M. Baillard, sans le texte. 1 vol. in-16, broché. 1 fr.
— *Œuvres complètes*, traduites en français, avec des notes, par M. J. Baillard. 2 vol. in-16, brochés. 7 fr.

AUTEURS GRECS

Aristote: *Morale à Nicomaque*, livre X. Texte grec, annoté par M. Hannequin, professeur au lycée de Lyon. 1 vol. petit in-16, cartonné. 1 fr. 50
Le même ouvrage, traduction française de Fr. Thurot, avec une introduction et des notes, par Ch. Thurot. 1 vol petit in-16, broché. 75 c.

Épictète: *Manuel*. Texte grec, publié avec des notes et un vocabulaire, par M. Thurot. 1 vol. petit in-16, cart. 1 fr.
Le même ouvrage, traduction française, par M. Fr. Thurot, sans le texte grec. 1 vol. petit in-16, broché. 1 fr.

Platon: *République*, 6° *livre*. Texte grec, annoté par M. Aubé, ancien professeur de philosophie au lycée Condorcet. 1 vol. petit in-16, cartonné. 1 fr. 50
Le même ouvrage, traduction française, par M. Aubé. 1 v. petit in-16, br. 1 fr.
— *République*, 7° *livre*. Texte grec, annoté par M. Aubé. Petit in-16, cart. 1 fr. 50
Le même ouvrage, traduction française, par M. Aubé. 1 vol. p. in-16, br. 1 fr. 50
— *République*, 8° *livre*. Texte grec, précédé d'une notice sur la vie et les ouvrages de Platon, d'une introduction comprenant: 1° Objet de la République de Platon; 2° Analyse des dix livres de la République; 3° Étude sur le huitième livre de la République, et accompagnée de notes par M. Aubé. Petit in-16, cart. 1 fr. 50
Le même ouvrage, traduction française, par M. Aubé. 1 vol. petit in-16, br. 1 fr.

Xénophon: *Mémorables*, livre I. Texte grec, annoté par M. Lebègue, maître de conférences à l'Ecole des Hautes Etudes. 1 vol. petit in-16, cartonné. 1 fr.
— *Entretiens mémorables de Socrate*, traduction française par M. Sommer, sans le texte. 1 vol. petit in-16, broché. 1 fr. 75

PHILOSOPHIE 13

OUVRAGES DIVERS

Adam, professeur à la Faculté des lettres de Dijon. *Étude sur les principaux philosophes.* 1 vol. in-16, broché. 4 fr.
Bouillier, membre de l'Institut. *Du plaisir et de la douleur.* 1 vol. in-16. 3 fr. 50
— *La vraie conscience.* 1 v. in-16, br. 3 f. 50
— *Études familières de psychologie et de morale.* 2 vol. in-16, brochés. 7 fr.
 Chaque volume se vend séparément.
— *Questions de morale pratique.* 1 vol. in-16, broché. 3 fr. 50
Caro, ancien professeur à la Faculté des lettres de Paris. *L'idée de Dieu et ses nouveaux critiques.* 1 vol. in-16, broché. 3 fr. 50
— *Le matérialisme et la science.* 1 volume in-16, broché. 3 fr. 50
— *Études morales sur le temps présent.* 2 vol. in-16, brochés. 7 fr.
— *Le pessimisme au XIX° siècle.* 1 vol. in-16, broché. 3 fr. 50
— *La philosophie de Gœthe.* In-16. 3 fr. 50
— *Problèmes de morale sociale.* 1 vol. in-16, broché. 3 fr. 50
— *Philosophie et philosophes.* 1 volume in-16. 3 fr. 50
Carrau, ancien maître de conférences à la Faculté des lettres de Paris. *Étude sur la théorie de l'évolution.* In-16, br. 3 fr. 50
Fouillée, maître de conférences à l'École normale supérieure. *L'idée moderne du droit en Allemagne, en Angleterre et en France.* 1 vol. in-16, broché. 3 fr. 50
— *La science sociale contemporaine.* 1 vol. in-16, broché. 3 fr. 50
— *La philosophie de Platon.* 4 volumes in-16. 14 fr.
Franck, membre de l'Institut. *Dictionnaire des sciences philosophiques.* 1 fort vol. grand in-8, broché. 35 fr.
 Le cartonnage se paye en sus 2 fr. 75.
— *Essais de critique philosophique.* 1 vol. in-16, broché. 3 fr. 50
— *La Kabbale*, 1 vol. in-8 br. 7 fr. 50
Jacques, Jules Simon et **Saisset**. *Manuel de philosophie.* 1 vol. in-8. 8 fr.
Joly, professeur à la Faculté des lettres de Paris. *Psychologie comparée : l'homme et l'animal.* 1 vol. in-16, br. 3 fr. 50
— *Psychologie des grands hommes.* 1 vol. in-16, broché. 3 fr. 50
Jouffroy (Th.). *Cours de droit naturel.* 2 vol. in-16, brochés. 7 fr.
— *Mélanges philosophiques.* 1 volume in-16, broché. 3 fr. 50
— *Nouveaux mélanges philosophiques.* 1 volume in-16, broché. 3 fr. 50

Jourdain (C.). *Notions de philosophie, comprenant des notions d'économie politique.* 18° édition, refondue. 1 vol. in-16, broché. 5 fr.
Le Roy (Albert). *Sujets et développements de compositions françaises (dissertations philosophiques) données à la Sorbonne, de 1866 à 1883.* In-8, br. 5 fr.
Rabier (E.), professeur de philosophie au lycée Charlemagne, membre du Conseil supérieur de l'instruction publique. *Leçons de philosophie.* Nouveau cours, contenant les matières indiquées par les programmes de 1885. 3 vol. in-8, br :
 Tome 1″. *Psychologie.* In-8. 7 fr. 50
 Ouvrage couronné par l'Institut.
 Tome II. *Logique.* 1 vol. 5 fr.
 Tome III. *Morale et Métaphysique.* » »
Ravaisson. *La philosophie en France au XIX° siècle.* 1 vol. in-8, broché. 7 fr. 50
Simon (Jules) *La religion naturelle.* 1 vol. in-16, broché. 3 fr. 50
— *Le devoir.* 1 vol. in-16, br. 3 fr. 50
— *La liberté civile.* 1 vol. in-16. 3 fr. 50
— *La liberté politique.* In-16. 3 fr. 50
— *La liberté de conscience.* In-16. 3 fr. 50
— *L'école.* 1 vol. in-16, br. 3 fr. 50
— *L'ouvrière.* 1 vol. in-16. br. 3 fr. 50
Taine. *Les philosophes classiques du XIX° siècle en France.* In-16, br. 3 fr. 50
— *De l'intelligence.* 2 vol. in-16, br. 7 fr.
Tridon-Péronneau. *Recueil de dissertations philosophiques.* 1 v. in-16, br. 4 fr.
Vacherot (E.), membre de l'Institut. *Le nouveau spiritualisme.* 1 v. in-16. 7 fr. 50
Worms (R.), agrégé de philosophie : *Précis de philosophie*, rédigé conformément aux programmes officiels pour la classe de philosophie, d'après les *Leçons de philosophie* de M. Rabier, 1 vol. in-16, br. 4 fr.
— *Éléments de philosophie scientifique et de philosophie morale*, à l'usage des candidats aux Baccalauréats de Mathématique et de l'Enseignement moderne, 1 vol. in-16, br. 1 fr. 50
— *La morale de Spinoza.* 1 v. in-16. 3 f. 50
 Ouvrage couronné par l'Institut.
Zeller. *La philosophie des Grecs*, traduite de l'allemand, par M. E. Boutroux, maître de conférences à l'École normale supérieure et par ses collaborateurs :
 Tomes I et II. *La philosophie des Grecs avant Socrate*, par M. Boutroux. 2 vol. in-8, brochés. 20 fr.
 Tome III. *Socrate et les socratiques*, par M. Belot. 1 vol. in-8, br. 10 fr.

7° SCIENCES ET ARTS

§ 1. *Arithmétique et applications diverses.*

Bertrand (Joseph). *Traité d'arithmétique.* 1 vol. in-8, broché. 4 fr.
Cirodde (P.-L.). *Leçons d'arithmétique.* 1 vol. in-8, broché. 4 fr.
Degranges (Edmond). *Arithmétique commerciale et pratique.* In-8, broché. 5 fr.
— *La tenue des livres.* In-8, broché. 5 fr.
Dupuis. *Tables de logarithmes* à sept décimales, d'après Callet, Véga, Bremiker, etc. 1 vol. grand in-8, cart. 10 fr.
— *Tables de logarithmes* à cinq décimales, d'après de Lalande. 1 vol. grand in-18, cartonnage toile. 2 fr. 50
— *Tables de logarithmes* à quatre décimales. 1 vol. petit in-16, cartonné. 75 c.
Hoefer. *Histoire des mathématiques.* 1 v. in-16, broché. 4 fr.
Maire. *Arithmétique*, suivie des éléments du système métrique et du tracé des figures les plus simples de la géométrie plane. 2 vol. in-16, cartonnés :
Classes Préparatoire et de Huitième. 1 vol. 1 fr.
Classe de Septième. 1 vol. 1 fr. 50
Pichot, censeur honoraire du lycée Condorcet. *Arithmétique*, rédigée conformément aux programmes de 1890 pour les classes de Septième, Sixième et Cinquième. In-16, cart. 2 fr. 50
— *Arithmétique élémentaire*, conforme aux programmes de 1890, à l'usage des classes de Troisième et Rhétorique. 1 vol. in-16, cart. 2 fr.
— *Éléments d'arithmétique* à l'usage de la classe de mathématiques élémentaires. 1 vol. in-8, broché. 3 fr.
Sonnet. *Problèmes et exercices d'arithmétique et d'algèbre.* 2 vol. in-8, br. 5 fr.
— *Dictionnaire des mathématiques appliquées.* 1 vol. grand in-8, broché. 30 fr.
Le cartonnage se paye en sus 2 fr. 75.
Tombeck. *Traité d'arithmétique.* 1 vol. in-8, broché. 4 fr.

§ 2. *Géométrie; Arpentage; Dessin.*

Bos, anc. insp. d'Académie. *Géométrie élémentaire*, conforme aux programmes de 1890, à l'usage des classes de Quatrième, Troisième et de Seconde. 1 vol. in-16, cart. 2 fr.
Bos et Rebière. *Éléments de géométrie*, à l'usage de la classe de mathématiques élémentaires. 1 vol. in-8, broché. 7 fr.
Bougueret, professeur de dessin au lycée Saint-Louis. *Cours de dessin et notions de géométrie*, à l'usage des classes élémentaires de dessin. 50 planches in-4. Prix : 7 fr. 50
On vend séparément :
Dessin et géométrie des figures planes. 23 planches. 3 fr. 50
Dessin et géométrie des solides, 12 planches. 1 fr. 75
Constructions géométriques et lavis. 15 planches. 2 fr. 25
Briot et Vacquant. *Arpentage, levé des plans, nivellement.* 1 vol. in-16, avec des figures et des planches, broché. 3 fr.
— *Éléments de géométrie :*
1° *Théorie.* In-8, avec figures. 5 fr.
2° *Application.* In-8, avec fig. 3 fr. 50
Sonnet. *Géométrie théorique et pratique.* 2 vol. in-8, texte et planches, br. 6 fr.
Tombeck. *Traité de géométrie élémentaire.* 1 vol. in-8, broché. 5 fr.
— *Précis de levé des plans, d'arpentage et de nivellement.* In-8, broché. 1 fr. 50

§ 3. *Algèbre; Géométrie analytique; Géométrie descriptive; Trigonométrie.*

Bertrand (Joseph), membre de l'Institut. *Traité d'algèbre :*
1re *partie*, à l'usage des classes de Mathématiques élémentaires. In-8. 5 fr.
2e *partie*, à l'usage des classes de Mathématiques spéciales. 1 vol. in-8, br. 5 fr.
Bos. *Éléments d'algèbre*, à l'usage de la classe de Mathématiques élémentaires et des candidats au baccalauréat. 1 vol. in-8, broché. 7 fr.
Briot et Vacquant. *Éléments de géométrie descriptive*, à l'usage des classes

SCIENCES ET ARTS

de Mathématiques élémentaires et des candidats au baccalauréat. 1 vol. in-8, avec figures, broché. 3 fr. 50

Dessenon. *Éléments de géométrie analytique*, à l'usage des candidats aux écoles du gouvernement et des élèves de première année de la classe de Mathématiques spéciales. 1 vol. in-8, avec figures, broché. 7 fr. 50

Kiæs. *Traité élémentaire de géométrie descriptive* :
  1ʳᵉ *partie*, à l'usage des classes de Mathématiques élémentaires et des candidats au baccalauréat. 1 vol. in-8 de texte et 1 vol. in-8 de planches. 7 fr.
  2ᵉ *partie*, à l'usage des classes de Mathématiques spéciales et des candidats aux Écoles normale supérieure, polytechnique et centrale. 1 vol. in-8 de texte et 1 vol. in-8 de planches, brochés. 10 fr.

Launay, professeur au lycée Saint-Louis. *Éléments d'algèbre*, conformes aux programmes de 1890, à l'usage des classes de Seconde et de Rhétorique. 1 vol. in-16, avec figures, cartonnage toile. 3 fr.

Pichot. *Algèbre élémentaire*, contenant les matières des programmes de 1890, à l'usage des classes de Seconde et de Rhétorique. 1 vol. in-16, cart. 2 fr.
— *Éléments de trigonométrie rectiligne*, à l'usage de la classe de Mathématiques élémentaires. 1 vol. in-8, broché. 3 fr. 50

Pichot et de Batz de Trenquelléon. *Géométrie descriptive*, à l'usage des candidats au baccalauréat. 1 vol. in-8, avec figures, broché. 1 fr. 50
— *Complément de géométrie descriptive*, à l'usage des candidats à Saint-Cyr. 1 vol. in-8, avec figures, broché. 3 fr. 50

Sonnet. *Premiers éléments de calcul infinitésimal*. 1 vol. in 8, broché. 6 fr.

Sonnet et Frontera. *Éléments de géométrie analytique*, rédigés conformément au dernier programme d'admission à l'École normale supérieure. In-8, br. 8 fr.

Tombeck. *Traité élémentaire d'algèbre*, à l'usage des classes de Mathématiques élémentaires. 1 vol. in-8, broché. 4 fr.
— *Cours de trigonométrie rectiligne*. 1 vol. in-8, broché. 2 fr. 50
— *Traité élémentaire de géométrie descriptive*. 1 vol. in-8, broché. 2 fr. 50

§ 4. Mécanique.

Collignon, inspecteur de l'École des ponts et chaussées. *Traité de mécanique*. 5 vol. in-8, avec figures, brochés. 37 fr. 50
  1ʳᵉ partie, *Cinématique*. 1 vol. 7 fr. 50
  2ᵉ partie, *Statique*. 1 vol. 7 fr. 50
  3ᵉ partie, *Dynamique*. Liv. ɪ à ɪᴠ. 7 fr. 50
  4ᵉ partie, *Dynamique*. Livres ᴠ à ᴠɪɪ, 1 volume. 7 fr. 50
  5ᵉ partie, *Compléments*. 1 vol. 7 fr. 50

Mascart, professeur au Collège de France. *Éléments de mécanique*, rédigés conformément au programme de l'enseignement scientifique dans les lycées. In-8, broché. 3 fr.

Mondiet et Thabourin : *Cours élémentaire de mécanique*, avec des énoncés et des problèmes, à l'usage de la classe de Mathématiques élémentaires. 3 vol. in-8, avec figures, brochés :
  Tome I. *Principes*; 3ᵉ édition en 2 fascicules :
    1ᵉʳ fascicule. *Statique*. 1 vol. 2 fr. 50
    2ᵉ fascicule. *Cinématique*. 1 v. 2 fr. 50
  Tome II. *Mécanismes*. 1 vol. 3 fr.
  Tome III. *Moteurs*. 1 vol. 6 fr.
— *Problèmes élémentaires de mécanique*. 1 vol. in-8, broché. 5 fr.

Pichot et de Batz de Trenquelléon. *Éléments de mécanique*, à l'usage de la classe de Mathématiques élémentaires. 1 vol. in-8, avec figures, broché. 3 fr. 50

Tombeck. *Notions de mécanique*, à l'usage des élèves des lycées. 1 vol. in-8. 2 fr.

§ 5. Cosmographie.

Guillemin (Am.). *Éléments de Cosmographie*, conformes au programme de 1890, à l'usage de la classe de Rhétorique. In-16, avec fig., cartonnage toile. 3 fr.

Pichot. *Traité élémentaire de cosmographie*, à l'usage de la classe de Mathématiques élémentaires. 1 vol. in-8, avec 207 figures et 2 planches, broché. 6 fr.
— *Cosmographie élémentaire*, contenant les matières du programme de 1890, à l'usage de la classe de Rhétorique. 1 vol. in-16, avec 147 fig., cart. toile. 2 fr. 50

Tombeck. *Cours de cosmographie*. 1 vol. in-8, avec figures, broché. 3 fr. 50

§ 6. *Physique; Chimie.*

Angot, ancien professeur de physique au lycée Condorcet. *Éléments de physique*, contenant les matières indiquées par les programmes de 1890, à l'usage des classes de Troisième et Philosophie. 1 vol. in-16 avec 447 figures, cartonné 5 fr.
— *Traité de physique élémentaire*, à l'usage des classes de mathématiques élémentaires et des candidats à l'Ecole polytechnique. 1 vol. in-8, broché. 8 fr.
Cartonnage toile. 9 fr.
Ganot. *Traité élémentaire de physique;* 20ᵉ édit., refondue et complétée par M. Maneuvrier, agrégé des sciences physiques, 1 fort vol. in-16, avec 1147 fig. 8 fr.
Cartonnage toile 8 fr. 50
— *Cours de physique purement expérimental et sans mathématiques;* 9ᵉ édition, complètement refondue et rédigée à nouveau, par M. Maneuvrier. 1 vol. in-16, avec 569 fig., broché. 6 fr.
Cartonnage toile. 6 fr. 50

Gay, professeur de physique au lycée Louis-le-Grand ; *Lectures scientifiques* (physique, chimie), rédigées conformément aux programmes du 28 janvier 1890. 1 fort vol. in-16, avec figures, broché. 4 fr. 50
Cartonnage toile. 5 fr.
Gossin, proviseur du lycée de Lyon. *Cours de physique*, conforme aux programmes de 1890, à l'usage des classes de Troisième et Philosophie, 1 vol. in-16, avec figures, cart. 4 fr.
Joly, maître de conférences à la Faculté des sciences de Paris. *Éléments de chimie*, conformes aux programmes de 1890, à l'usage des classes de Philosophie. 1 vol. in-16, avec fig., cartonnage toile. 3 fr.
Payen. *Précis de chimie industrielle;* 6ᵉ édition, revue et mise au courant par M. Vincent. 2 vol. in-8 de texte et 1 vol. de planches, brochés. 32 fr.

§ 7. *Histoire naturelle.*

Gervais. *Éléments de zoologie*, comprenant l'anatomie, la physiologie, la classification et l'histoire naturelle des animaux ; 4ᵉ édit. 1 v. in-8, avec 604 figures et 3 planches, broché. 9 fr.
— *Cours élémentaire d'histoire naturelle, zoologie*, contenant les matières des programmes de 1850, à l'usage de la classe de Sixième. 1 vol. in-16, avec figures, cartonné. 3 fr.
Mangin, professeur au lycée Louis-le-Grand. *Cours élémentaire de botanique*, conforme au programme de 1890, à l'usage de la classe de Cinquième. 1 vol. in-16, avec 446 fig., cartonnage toile. 3 fr. 50
— *Anatomie et physiologie végétales*, conformes au programme de 1890, à l'usage de la classe de Philosophie. 1 vol. in-16, avec fig., cart. toile. 5 fr.
— *Éléments d'hygiène*, rédigés conformément aux programmes de 1890 et de 1891, à l'usage de la classe de Rhétorique et de Première. 1 vol. in-16 avec gravures, cartonnage toile. 3 fr.
Perrier, professeur au Muséum d'histoire naturelle de Paris. *Éléments de zoologie*, conforme au programme de 1890, à l'usage de la classe de Sixième. 1 volume in-16, avec 328 fig., cart. toile. 3 fr.
— *Anatomie et physiologie animales*, contenant les matières indiquées par le programme de 1890, à l'usage de la classe de Philosophie. 1 vol. in-8 avec 328 figures, broché. 8 fr.
Seignette, professeur au lycée Condorcet. — *Cours élémentaire de géologie*, conforme au programme de 1890, à l'usage de la classe de Cinquième. 1 vol. in-16, avec figures, cartonnage toile. 2 fr. 50

8° ÉTUDE DE LA LANGUE LATINE

Asselin, professeur au collège Rollin. *Choix de dissertations françaises et latines, de vers et de thèmes grecs*, à l'usage des candidats à la licence ès lettres : sujets et développements. 1 vol. in-8. 5 fr.
— *Compositions françaises et latines*, à l'usage des lycées, des collèges. 1 vol. in-8, broché. 6 fr.

ÉTUDE DE LA LANGUE LATINE

Auteurs latins (les) expliqués d'après une méthode nouvelle par deux traductions françaises, l'une littérale et *juxtalinéaire*, présentant le mot à mot français en regard des mots latins correspondants ; l'autre correcte et précédée du texte latin ; par une société de professeurs et de latinistes. Format in-16, broché :
Cette collection comprend les principaux auteurs qu'on explique dans les classes.

César : Guerre des Gaules, 2 vol.   9 fr.
   Chaque volume se vend séparément.
— Guerre civile, livre I.   2 fr. 25
Cicéron : Brutus.   4 fr.
— Catilinaires (les quatre).   2 fr.
— Des lois, livre I.   1 fr. 50
— Des devoirs.   6 fr.
— Dialogue sur l'amitié.   1 fr. 25
— Dialogue sur la vieillesse.   1 fr. 25
— Discours pour la loi Manilia.   1 fr. 50
— Discours pour Ligarius.   75 c.
— Discours pour Marcellus.   75 c.
— Discours sur les statues.   3 fr.
— Discours sur les supplices.   3 fr.
— Seconde philippique.   2 fr.
— Plaidoyer pour Archias.   90 c.
— Plaidoyer pour Milon.   1 fr. 50
— Plaidoyer pour Murena.   2 fr. 50
— Songe de Scipion.   50 c.
Cornelius Nepos.   5 fr.
Heuzet : Histoires choisies des écrivains profanes, 2 vol.   6 fr.
   Chaque volume séparément.   3 fr.
Horace : Art poétique.
— Epitres.   2 fr.
— Odes et Épodes. 2 vol.   4 fr. 50
   Les livres I et II des Odes.   2 fr.
   Les livres III et IV des Odes et les Épodes.   2 fr. 50
— Satires.   2 fr.
Justin : Histoires philippiques. 2 v.   12 fr.
   Chaque volume séparément.   6 fr.
Lhomond : Abrégé de l'histoire sainte. 3 fr.
— Sur les hommes illustres de la ville de Rome.   4 fr. 50
Lucrèce : Morceaux choisis de M. Poyard. Prix.   3 fr. 50
Ovide : Choix des métamorphoses.   6 fr.
Phèdre : Fables.   2 fr.
Plaute : L'Aulularie.   1 fr. 75
Quinte-Curce : Histoire d'Alexandre le Grand, 2 vol.   12 fr.
   Chaque volume se vend séparément   6 fr.
Salluste : Catilina.   1 fr. 50
— Jugurtha.   3 fr. 50
Sénèque : De la vie heureuse.   1 fr. 50

Tacite : Annales, 4 vol.   18 fr.
   Chaque volume se vend séparément.
— Germanie (la).   1 fr.
— Histoires. Livres I et II.   5 fr.
— Vie d'Agricola.   1 fr. 50
Térence : Adelphes.   2 fr.
— Andrienne.   2 fr. 50
Tite-Live. Livres XXI et XXII.   5 fr.
— Livres XXIII, XXIV et XXV. 7 fr. 50
Virgile : Bucoliques (les).   1 fr.
— Géorgiques (les).   2 fr.
— Enéide : 4 volumes.   16 fr.
   Chaque volume séparément.   4 fr.
   Chaque livre séparément.   1 fr. 50

Bloume. *Une première année de latin*; 8ᵉ édition. 1 vol. in-16, cartonné.   2 fr.

Bouché-Leclercq : *Manuel des institutions romaines*. 1 volume grand in-8, broché.   15 fr.

Bréal, professeur de grammaire comparée au Collège de France, et **Person** (Léonce), ancien professeur au lycée Condorcet. *Grammaire latine élémentaire*, 1 v. in-16, cartonnage toile.   2 fr.
— *Grammaire latine*, cours élémentaire et moyen. 1 volume in-16, cartonnage toile. Prix.   2 fr. 50
— *Exercices*. Voyez *Pressard*.

Bréal et Bailly, professeur au lycée d'Orléans. *Leçons de mots* : les mots latins groupés d'après le sens et l'étymologie :
   Cours élémentaire, à l'usage de la classe de Sixième. In-16 cart.   1 fr. 25
   Exercices sur le Cours élémentaire. Voyez *Person*.
   Cours intermédiaire, à l'usage des classes de Cinquième et de Quatrième. 1 vol. in-16, cartonné.   2 fr. 50
   Cours supérieur. Dictionnaire étymologique latin. 1 vol. in-8, cart.   7 fr. 50

Chassang, ancien inspecteur général de l'instruction publique. *Modèles de composition latine*, avec des arguments, des notes et des préceptes sur chaque genre de composition. 1 vol. in-16, cart.   2 fr.

Châtelain, chargé de conférences à la Faculté des lettres de Paris. *Lexique latin-français*, rédigé conformément au décret du 19 juin 1880, à l'usage des candidats au baccalauréat ; nouvelle édition. 1 vol. in-16, cart.   6 fr.
Reconnu conforme à la note officielle du 29 janvier 1881.

Classiques latins; nouvelle collection, format petit in-16, publiée avec des notices, des arguments analytiques et des notes en français.

Ces éditions se recommandent par la pureté du texte, la concision des notes, la commodité du format, l'élégance et la solidité du cartonnage.

César : Commentaires (Benoist et Dosson). » »
Cicéron : Extraits des discours (F. Ragon). 2 fr. 50
— Extraits des ouvrages de rhétorique, (V. Cucheval, professeur de rhétorique au lycée Condorcet.) 2 fr.
— Choix de lettres (V. Cucheval). 2 fr.
— De amicitia (E. Charles, recteur). 75 c.
— De finibus bonorum et malorum, libri I et II (E. Charles, recteur). 1 fr. 50
— De legibus, livre I (Lucien Lévy, professeur au lycée d'Amiens). 75 c.
— De natura Deorum (Thiaucourt). 1 fr. 50
— De re publica (E. Charles). 1 fr. 50
— De signis (E. Thomas, prof. à la Faculté des lettres de Douai. 1 fr. 50
— De suppliciis (E. Thomas). 1 fr. 50
— De senectute (E. Charles). 75 c.
— In M. Antonium oratio philippica secunda (Gantrelle). 1 fr.
— In Catilinam orationes quatuor (Noël, professeur au lycée de Versailles). 75 c.
— Orator (C. Aubert). 1 fr.
— Pro Archia poeta (E. Thomas). 60 c.
— Pro lege Manilia (Noël). 60 c.
— Pro Ligario (Noël). 30 c.
— Pro Marcello (Noël). 30 c.
— Pro Milone (Noël). 75 c.
— Pro Murena (Noël). 75 c.
— Somnium Scipionis (V. Cucheval). 30 c.
Cornelius Nepos (Monginot, professeur au lycée Condorcet). 90 c.
Élégiaques romains (Waltz). 1 fr. 80
Epitome historiæ græcæ (Julien Girard). Prix. 1 fr. 50
Heuzet : Selectæ e profanis scriptoribus historiæ. Édition simplifiée (Lecomte). Prix. 1 fr. 80
Horace : De arte poetica (M. Albert). 60 c.
Jouvency : Appendix de diis et heroibus (Edeline). 70 c.
Lhomond : De viris illustribus urbis Romæ (L. Duval). 1 fr. 50
— Epitomæ historiæ sacræ (Pressard, professeur au lycée Louis-le-Grand). 75 c.

Lucrèce : De natura rerum, livre V (Benoist et Lantoine). 90 c.
— Morceaux choisis (Poyard, professeur au lycée Henri IV). 1 fr. 50 c.
Ovide : Morceaux choisis des métamorphoses (Armengaud). 1 fr. 80
Pères de l'Église latine : Morceaux choisis (Nourrisson). 2 fr. 25
Phèdre : Fables (Talbert). 80 c.
Plaute : L'aululaire (Benoist). 80 c.
— Morceaux choisis (Benoist). 2 fr.
Pline le Jeune : Choix de lettres (Waltz, prof. à l'Ecole sup. d'Alger). 1 fr. 80
Quinte-Curce (Dosson). 2 fr. 25
Quintilien : De institutione oratoria (Dosson). 1 fr. 50
Salluste (Lallier). 1 fr. 80
Sénèque : De vita beata (Delaunay). 75 c.
— Lettres à Lucilius, I à XVI (Aubé). 75 c.
Tacite : Annales (Jacob). 2 fr. 50
— Hist., livres I et II (Gœlzer). 1 fr. 80
— Histoires (Gœlzer). 1 fr. 80
— Vie d'Agricola (Jacob). 75 c.
Térence : Adelphes (Psichari). 80 c.
Tite-Live (Riemann et Benoist).
Livres XXI et XXII. 1 vol. 2 fr.
Livres XXIII, XXIV et XXV. 1 vol. 2 fr. 50
Livres XXVI à XXX. 1 vol. 3 fr. »
— Narrationes (Riemann et Uri). 1 fr. 80
Virgile (Benoist). 2 fr. 25

Classiques latins, formats in-16. Éditions publiées avec des notes en français, par les auteurs dont les noms sont indiqués entre parenthèses.

Cicero : De officiis (H. Marchand). 1 fr.
— De oratore (Bétolaud). 1 fr. 50
— Tusculanarum quæstionum libri V (Jourdain). 1 fr. 50
Horatius : Opera (Sommer). 2 fr.
Justinus : Historiæ philippicæ (Pessonneaux). 1 fr. 50
Lucain : La Pharsale (Naudet). 2 fr.
Narrationes selectæ e scriptoribus latinis (Chassang). 2 fr. 25
Pline l'Ancien : Morceaux extraits de l'Histoire naturelle (Chassang). 1 fr. 50
— Panégyrique de Trajan (Bétolaud). 75 c.
Sénèque : Choix de lettres morales à Lucilius (Sommer). 1 fr. 25
Voir ci-dessus *Classiques latins* (nouvelle collection, format petit in-16).

Comte (Ch.), professeur agrégé au lycée Hoche. *Exercices latins à l'usage des commençants.* Recueil de versions et de thèmes écrits ou oraux sur l'Abrégé de Grammaire latine de M. L. Havet, avec un vocabulaire. 1 vol. in-16, cartonnage toile. 2 fr. 50

ETUDE DE LA LANGUE LATINE 19

Éditions à l'usage des professeurs.
Textes latins publiés d'après les travaux les plus récents de la philologie, avec des commentaires critiques et explicatifs, des introductions et des notices. Format grand in-8, broché. En vente :

Cicéron : Discours pour le poète Archias, par M. Émile Thomas, professeur à la Faculté des lettres de Lille. 1 vol. 2 fr. 50
— De suppliciis, par le même. 1 vol. 4 fr.
— De signis, par le même, 1 vol. 4 fr.
— Divinatio in Q. Cæcilium, par le même, 1 vol. 2 fr. 50
— Brutus, par M. J. Martha, maître de conférences à l'Ecole normale supérieure. 1 vol. 6 fr.
Cornelius Nepos, par M. Monginot, professeur au lycée Condorcet. 1 vol. 6 fr.
Horace : L'Art poétique, par M. M. Albert, prof. au collège Rollin, 1 v. 2 fr. 50
Lucrèce : De la nature des choses, liv. V, par MM. Benoist, et Lantoine. 1 vol. 4 fr.
Salluste : Guerre de Jugurtha, par M. Lallier, ancien professeur à la Faculté des lettres de Paris. 1 vol. 4 fr.
— Catilina, par M. Anthoine. 1 vol. 6 fr.
Tacite : Annales, par M. Jacob, professeur à Louis-le-Grand. 2 vol. 15 fr.
— Dialogue des orateurs, par M. Gœlzer, maître de conférences à la Faculté des lettres de Paris. 1 vol. 4 fr.
Virgile, par M. Benoist. 3 vol. :
Bucoliques et Géorgiques. 1 vol. 7 fr. 50
Enéide ; 3ᵉ tirage. 2 vol. 15 fr.
Chaque volume séparément 7 fr. 50

Gow (Dʳ J.) principal du collège de Nottingham, et **S. Reinach** : *Minerva*, introduction à l'étude des classiques scolaires grecs et latins. Ouvrage adapté aux besoins des écoles françaises. 2ᵉ édit. 1 vol. in-16, cartonnage toile. 3 fr.
Guérard et **Molliard**, directeurs des études au collège Sainte-Barbe. *Petit dictionnaire latin-français*. 1 vol. in-16 cartonnage toile. 4 fr.
Havet (L.), prof. de philologie latine au Collège de France. *Abrégé de grammaire latine*, à l'usage des classes de grammaire. 1 vol. in-16, cart. toile. 1 fr. 50
— *Exercices*. Voyez *Comte*.
Le Roy. *Sujets et développements de compositions latines*. In-8, br. 3 fr. 50
— *Sujets et développements de compositions* données dans les Facultés de 1860 à 1873, ou proposées comme exercices préparatoires pour les examens de la licence ès lettres, avec des observations de M. Dühner. 2ᵉ édition. 1 vol. in-8, br. 4 fr.

Lhomond. *Éléments de la grammaire latine*. 1 vol. in-16, cartonné. 80 c.
Marais. *Recueil de versions latines* dictées dans les Facultés, depuis 1874 jusqu'en 1881, pour l'examen du baccalauréat ès sciences ; *textes et traductions*. 2 vol. in-8, Brochés. 6 fr.
Chaque volume séparément. 3 fr.
Merlet. *Etudes littéraires sur les grands classiques latins*, avec des extraits empruntés aux meilleures traductions. 1 vol. in-16, broché. 4 fr.
Méthode uniforme pour l'enseignement des langues, par E. Sommer.
Abrégé de grammaire latine. In-16, cartonné 1 fr. 25
Questionnaire sur l'Abrégé de grammaire latine. In-16, cartonné. 50 c.
Exercices sur l'Abrégé de grammaire latine. 1 vol. in-16, cartonné. 1 fr. 25
Corrigé desdits exercices. In-16. 1 fr. 50
Cours de versions latines extrait du recueil de Jacobs. 1ʳᵉ partie. 1 vol. in-16, cartonné. 1 fr.
Corrigé. 1 vol. in-16, broché. 1 fr. 25
Cours de versions latines. 2ᵉ partie. 1 vol. in-16, cartonné. 1 fr.
Corrigé. 1 vol. in-16, broché. 1 fr. 25
Cours de thèmes latins. In-16. 1 fr. 50
Cours complet de grammaire latine. 1 vol. in-8, cartonné. 2 fr. 50
Exercices sur le Cours complet de grammaire latine. In-8, cartonné. 2 fr. 50
Voir pages 7 et 25 pour les *langues française et grecque*.
Noël. *Dictionnaire français-latin* ; nouvelle édition revue par M. Pessonneaux, professeur au lycée Henri IV. 1 vol. grand in-8, cartonnage toile. 8 fr.
— *Dictionnaire latin-français* ; nouvelle édition revue par M. Pessonneaux, professeur au lycée Henri IV. 1 vol. grand in-8, cartonnage toile. 8 fr.
— *Gradus ad Parnassum*, nouv. édit., revue par M. de Parnajon, profes. au lycée Henri IV. 1 vol. gr. in-8, cart. toile. 8 fr.
Patin. *Etudes sur la poésie latine*. 2 vol. in-16, brochés. 7 fr.
Person (Léonce), ancien professeur au lycée Condorcet : *Exercices de traduction et d'application* (thèmes et versions) sur les mots latins de MM. Bréal et Bailly. Cours élémentaire. 1 vol. in-16, cart. toile. 4 fr.
Pierron. *Histoire de la littérature romaine*. 1 vol. in-16, broché. 4 fr.
Pressard, professeur au lycée Louis-le-Grand : *Premières leçons de latin*. 1 vol. in-16, cartonné. 2 fr. 50

Pressard (suite). *Exercices latins*, thèmes, versions, questionnaires et exercices oraux sur la Grammaire latine élémentaire de MM. Bréal et Person. 2 vol.
   1ʳᵉ partie : Exercices sur les déclinaisons, les conjugaisons et les mots invariables. Thèmes et versions sur les éléments de la syntaxe, avec des listes de mots. 1 vol. in-16 cartonnage toile.   2 fr. 50
   2ᵉ partie : Exercices sur la syntaxe et exercices généraux avec un vocabulaire. 1 vol. in-16, cartonnage toile.   2 fr. 50

Quicherat (L.). *Dictionnaire français-latin*. Nouvelle édition refondue par M. Chatelain. Grand in-8, cartonnage toile.   9 fr. 50
— *Thesaurus poeticus linguæ latinæ*. 1 vol. grand in-8, carton. toile. 8 fr. 50
— *Nouvelle prosodie latine*. 1 vol. in-16, cartonné.   1 fr.
— *Traité de versification latine*. 1 vol in-16 cartonné.   3 fr.

Quicherat et Daveluy. *Dictionnaire latin-français*. Nouvelle édition entièrement refondue par M. Chatelain. Grand in-8, cartonnage toile.   9 fr. 50

Sommer. *Lexique français-latin*, à l'usage des classes élémentaires, extrait du dictionnaire français-latin de M. Quicherat; nouvelle édition revue et complétée par M. Chatelain. 1 vol. in-8 cartonné.   3 fr. 75
— *Lexique latin-français*, à l'usage des classes élémentaires, extrait du Dictionnaire latin-français de MM. Quicherat et Daveluy; nouvelle édition revue et complétée par M. Chatelain. 1 vol. in-8, cartonnage toile.   3 fr. 75
  Voir *Méthode uniforme pour l'enseignement des langues*, pages 6 et 23.

Thurot et Chatelain. *Prosodie latine*. 1 vol. in-16, cart.   1 fr. 25

Traductions françaises des chefs-d'œuvre de la littérature latine, sans le texte latin, à 3 fr. 50 le volume format in-16 :
  Le nom des traducteurs est indiqué entre parenthèses.
  Horace (Jules Janin), 1 vol.
  Juvénal et Perse (E. Despois), 1 vol.
  Lucrèce (Patin), 1 vol.
  Plaute (E. Sommer), 2 vol.
  Sénèque (J. Baillard), 2 vol.
  Tacite (J.-L. Burnouf), 1 vol.
  Tite Live (Gaucher), 4 vol.
  Virgile (Cabaret-Dupaty), 1 vol.

Tridon-Péronneau. *Cours de Versions latines*, 125 textes précédés de notices sur les auteurs, disposés dans un ordre méthodique et accompagné de notes grammaticales, historiques et littéraires, à l'usage des candidats au baccalauréat. Textes latins. 1 vol. in-16, broché. 2 fr.
Le même ouvrage. Traduction française. 1 vol. in-16, broché.   1 fr. 50

Uri (J.). *Recueil de versions latines*, dictées à la Sorbonne pour les examens du baccalauréat ès lettres de 1883 à 1887. 2 vol. in-16 ; *textes et traductions*, br. 3 fr.

9° ÉTUDE DE LA LANGUE GRECQUE ANCIENNE

Alexandre (C.). *Dictionnaire grec-français*, suivi d'un *Vocabulaire grec-français des noms propres de la langue grecque*, par A. Pillon. 1 vol. grand in-8, cartonnage toile.   15 fr.
— *Abrégé du dictionnaire grec-français*, par le même auteur. 1 vol. grand in-8, cartonnage toile.   7 fr. 50

Alexandre, Planche et Defauconpret. *Dictionnaire français-grec*. 1 vol in-8, cartonnage toile.   15 fr.

Auteurs grecs (les) expliqués d'après une méthode nouvelle, par deux traductions françaises, l'une littérale et *juxtalinéaire*, présentant le mot à mot français en regard des mots grecs correspondants, l'autre correcte et précédée du texte grec, avec des sommaires et des notes en français, par une société de professeurs et d'hellénistes. Format in-16.
  Cette collection comprend les principaux auteurs qu'on explique dans les classes.

Aristophane : Plutus.   2 fr. 25
— Morceaux choisis de M. Poyard. 6 fr.
Aristote : Morale à Nicomaque, livre VIII, 1 vol.   1 fr. 50
— Morale à Nicomaque, liv. x. 1 fr. 50
— Poétique.   2 fr. 50
Babrius : Fables.   4 fr.
Basile (S.) : De la lecture des auteurs profanes.   1 fr. 25
— Contre les usuriers.   75 c.
— Observe-toi toi-même.   90 c.
Chrysostome (S. Jean) : Homélie en faveur d'Eutrope.   60 c.
— Homélie sur le retour de l'évêque Flavien.   1 fr.
Démosthène : Discours contre la loi de Leptine.   3 fr. 50
— Discours pour Ctésiphon ou sur la couronne.   3 fr. 50
— Harangue sur les prévarications de l'ambassade.   6 fr.

- Les trois Olynthiennes. 1 fr. 50
- Les quatre Philippiques. 2 fr.
Denys d'Halicarnasse : Première lettre à Ammée. 1 fr. 25
Eschine : Discours contre Ctésiphon. 4 fr.
Eschyle : Prométhée enchaîné. 3 fr.
- Sept (les) contre Thèbes. 1 fr. 50
- Morceaux choisis de M. Weil. 5 fr.
Ésope : Fables choisies. 1 fr. 25
Euripide : Alceste. 2 fr.
- Electre. 3 fr.
- Hécube. 2 fr.
- Hippolyte. 3 fr. 50
- Iphigénie à Aulis. 3 fr.
Grégoire de Nazianze (S.) : Éloge funèbre de Césaire. 1 fr. 25
- Homélie sur les Machabées. 90 c.
Grégoire de Nysse (S.) : Contre les usuriers. 75 c.
- Eloge funèbre de saint Mélèce. 75 c.
Hérodote : Morceaux choisis. 7 fr. 50
Homère : Iliade. 6 volumes. 20 fr.
Chaque volume séparément. 3 fr. 50
Chaque chant séparément. 1 fr.
- Odyssée. 6 vol. 24 fr.
Chaque volume séparément. 4 fr.
Les chants 1, 2, 6, 11 et 12 se vendent séparément, chacun 1 fr.
Isocrate : Archidamus. 1 fr. 30
- Conseils à Démonique. 75 c.
- Eloge d'Evagoras, 1 fr.
- Panégyrique d'Athènes, 2 fr. 50
Luc (S.) : Evangile. 3 fr.
Lucien : Dialogues des morts. 2 fr. 25
- Le songe, ou le coq. 1 fr. 50
- De la manière d'écrire l'histoire. 2 fr.
Pères grecs (choix de discours tirés des). Prix : 7 fr. 50
Pindare : Isthmiques (les). 2 fr. 50
- Néméennes (les). 3 fr.
- Olympiques (les). 3 fr. 50
- Pythiques (les). 3 fr. 50
Platon : Alcibiade (le 1er). 2 fr. 50
- Apologie de Socrate. 2 fr.
- Criton. 1 fr. 25
- Gorgias. 6 fr.
- Phédon. 5 fr.
- République, livre VI. 2 fr. 50
- République, livre VIII. 2 fr. 50
Plutarque : De la lecture des poètes, 3 fr.
- Sur l'éducation des enfants. 2 fr.
- Vie d'Alexandre. 3 fr.
- Vie d'Aristide. 2 fr.
- Vie de César. 2 fr.
- Vie de Cicéron. 3 fr.
- Vie de Démosthène. 2 fr. 50
- Vie de Marius. 3 fr.
- Vie de Pompée, 5 fr.
- Vie de Solon. 3 fr.
- Vie de Sylla. 3 fr.
- Vie de Thémistocle. 2 fr.
Sophocle : Ajax. 2 fr. 50
- Antigone. 2 fr. 25
- Electre. 3 fr.
- Œdipe à Colone. 2 fr.
- Œdipe roi. 1 fr. 50
- Philoctète. 2 fr. 50
- Trachiniennes (les). 2 fr. 50
Théocrite : Œuvres complètes. 7 fr. 50
Thucydide : Guerre du Péloponèse :
Livre I. 6 fr.
Livre II. 5 fr.
Morceaux choisis de M. Croiset. 5 fr.
Xénophon : Anabase (les 7 liv.), 2 v. 12 fr.
Chaque livre séparément. 2 fr.
- Apologie de Socrate. 60 c.
- Cyropédie, livre I. 1 fr. 25
- — livre II. 1 fr. 25
- Economique. 3 fr. 50
- Entretiens mémorables de Socrate (les quatre livres). 7 fr. 50
- Extraits des Mémorables. 2 fr. 50
- Extraits de la Cyropédie. 1 fr. 25
- Morceaux choisis de M. de Parnajon Prix : 7 fr. 50

Bréal, professeur de grammaire comparée au Collège de France, et **Bailly**, professeur au lycée d'Orléans : *Leçons de mots* : les mots grecs groupés d'après le sens et l'étymologie. 1 vol. in-16, cart. 1 fr. 50
Voy. *Person* : Exerc. de trad. et d'appl.

Classiques grecs, nouvelle collection, format petit in-16, publiée avec des notices, des arguments analytiques et des notes en français.
Ces éditions se recommandent par la pureté du texte, la concision des notes, la commodité du format, l'élégance et la solidité du cartonnage
Aristophane : Morceaux choisis (Poyard, professeur au lycée Henri IV). 2 fr.
Aristote : Morale à Nicomaque, livre VIII (Lucien Lévy, professeur au lycée d'Amiens). 1 fr.
- Morale à Nicomaque, livre x (Hannequin, professeur au lycée de Lyon). Prix : 1 fr. 50
- Poétique (Egger, membre de l'Institut) 1 fr.
Babrius : Fables (Desrousseaux). 1 fr. 50
Démosthène : Discours de la couronne (Weil, membre de l'Institut). 1 fr. 25
- Les trois Olynthiennes (Weil). 60 c.
- Les quatre Philippiques (Weil). 1 fr.
- Sept Philippiques (H. Weil). 1 fr. 50
Denys d'Halicarnasse : Première lettre à Ammée (Weil). 60 c.

Elien : Morceaux (J. Lemaire). 1 fr. 10
Epictète : Manuel (Thurot). 1 fr.
Eschyle : Morceaux choisis (Weil). 1 fr. 60
— Les Perses (Weil). 1 fr.
— Prométhée enchaîné (Weil). 1 fr.
Euripide : Théâtre (Weil). Alceste ; — Electre ; — Hécube ; — Hippolyte ; — Iphigénie à Aulis ; — Iphigénie en Tauride. Chaque tragédie. 1 fr.
— Morceaux choisis (Weil). 2 fr.
Hérodote : Morceaux choisis (Tournier, maître de conférences à l'École normale). 1 vol. 2 fr.
Homère : Iliade (A. Pierron). 3 fr. 50
Les chants 1, 2, 6, 9, 10, 18, 22 et 24 se vendent séparément, chacun, 25 c.
— Odyssée (A. Pierron). Les chants I, II, VI, XI, XXII et XXIII. 2 fr. 50
Chaque chant séparément. 25 c.
Lucien : De la manière d'écrire l'histoire (Lebugeur). 75 c.
— Dialogues des morts (Tournier et Desrousseaux). 1 fr. 50
— Morceaux choisis (Talbot). 2 fr.
— Le songe ou le coq (Desrousseaux). Prix : 1 fr.
Platon : République, livre VI (Aubé, anc. profes. au lycée Condorcet). 1 fr. 50
— République, livre VII (Aubé). 1 fr. 50
— République, livre VIII (Aubé). 1 fr. 50
— Criton (Ch. Waddington). 50 c.
— Morceaux choisis (Poyard) 2 fr.
Plutarque : Vie de Cicéron (Graux). 1 fr. 50
— Vie de Démosthène (Graux). 1 fr.
— Vie de Périclès (Jacob). » »
— Morceaux choisis des biographies (Talbot). 2 vol. :
1° Les Grecs. 1 vol. 2 fr.
2° Les Romains. 1 vol. 2 fr.
— Morceaux choisis des œuvres morales (V. Bétolaud). 1 vol. 2 fr.
Sophocle : Théâtre (Tournier). Ajax ; — Antigone ; — Electre ; — Œdipe à Colone ; — Œdipe roi ; — Philoctète ; — les Trachiniennes. Chaque tragédie. 1 fr.
Le même théâtre, sans notes. 2 fr.
Sophocle : Morceaux choisis (Tournier). Prix : 2 fr.
Thucydide : Morceaux choisis (A. Croiset, maître de conférences à la Faculté des lettres de Paris). 2 fr.
Xénophon : Morceaux choisis (de Parnajon, prof. au lycée Henri IV). 2 fr.
— Économique (Graux et Jacob). 1 fr. 50
— Extraits de la Cyropédie (Petitjean). Prix : 1 fr. 50
— Ext. des Mémorables (Jacob). 1 fr. 50
— Mémorables, livre I (Lebègue). 1 fr.

Classiques grecs, format in-16. Éditions publiées avec des notes en français.
Aristophane : Plutus (Ducasau). 1 fr.
Babrius : Fables (Th. Fix). 60 c.
Basile (S.) : Discours sur la lecture des auteurs profanes (Sommer). 50 c.
— Homélie sur le précepte : Observe-toi toi-même (Sommer). 30 c.
Chrysostome (S. Jean) : Discours sur le retour de l'évêque Flavien (Sommer). 40 c.
— Homélie en faveur d'Eutrope (Sommer). 30 c.
Démosthène : Discours contre la loi de Leptine (Stiévenart). 90 c.
Eschyle : Sept contre Thèbes (les) (Materne). 1 fr.
Esope : Fables choisies (Sommer). 1 fr.
Grégoire (S.) de *Nazianze* : Homélie sur les Machabées (Sommer). 40 c.
Hérodote : Livre I (Sommer). 3 fr. 50
Homère : Odyssée (Sommer). 3 fr. 50
Les chants 1, 2, 6, 11, 12, 22 et 23 se vendent séparément, chacun. 25 c.
Isocrate : Archidamus (Leprévost). 50 c.
— Éloge d'Évagoras (Sommer). 50 c.
— Panégyrique d'Athènes (Sommer). 80 c.
Lucien. Nigrinus (C. Leprévost). 40 c.
— Songe (le) ou le Coq (de Sinner). 50 c.
Pères grecs : Choix de discours (Sommer). 1 fr. 75
Pindare : Isthmiques (les) (Fix et Sommer). 60 c.
— Néméennes (les) (id.). 90 c.
— Olympiques (les) (id.). 1 fr. 50
— Pythiques (les) (id.). 1 fr. 50
Platon : Alcibiade (le premier). 65 c.
— Alcibiade (le second) (Mablin). 50 c.
— Apologie de Socrate (Talbot). 60 c.
— Georgias (Sommer). 1 fr. 50
— Phédon (Sommer). 60 c.
Plutarque : De la lecture des poètes (Ch. Aubert). 75 c.
— De l'éducat. des enfants (C. Bailly). 60 c.
Plutarque : Vie d'Alexandre (Bétolaud). Prix : 1 fr.
— Vie d'Aristide (Talbot). 1 fr.
— Vie de César (Materne). 1 fr.
— Vie de Pompée (Druon). 1 fr.
— Vie de Solon (Deltour). 1 fr.
— Vie de Thémistocle (Sommer). 1 fr.
Théocrite : Idylles choisies (L. Renier). Prix : 1 fr. 25
Thucydide : Guerre du Péloponèse :
Livre I (Legouëz). 1 fr. 60
Livre II (Sommer). 1 fr. 60

ÉTUDE DE LA LANGUE GRECQUE

Xénophon : Anabase, les sept livres (de Parnajon). 3 fr.
Chaque livre séparément. 75 c.
— Cyropédie, livre I (Huret). 75 c.
— Cyropédie, livre II (Huret). 75 c.
— Entretiens mémorables de Socrate (Sommer). 2 fr.
Voir ci-dessus *Classiques grecs* (nouvelle collection, format petit in-16).

Croiset (A.) et **Petitjean**, professeur au lycée Buffon. *Premières leçons de grammaire grecque*, rédigées conformément au programme de la classe de Cinquième. 1 vol. in-16, cart. toile. 1 fr. 50
— *Grammaire grecque* à l'usage des classes de grammaire et de lettres. 1 vol. in-16, cart. toile. 3 fr.
— Exercices d'application, voir *Petitjean* et *Glachant*.

Denys d'Halicarnasse. *Jugement sur Lysias*, texte et traduction française publiés avec un commentaire critique et explicatif par MM. Desrousseaux, maître de conférences à la Faculté des lettres de Lille, et Egger, professeur agrégé au collège Stanislas. 1 vol. in-8, broché. 4 fr.

Dübner. *Lexique français-grec*, à l'usage des classes élémentaires. 1 vol. in-8, cartonnage toile. 6 fr.
— *Lhomond grec*, ou premiers éléments de la grammaire grecque. 1 volume in-8, cartonné. 1 fr. 50
— *Exercices* ou versions et thèmes sur les premiers éléments de la grammaire grecque, précédés d'un traité élémentaire d'accentuation. 1 vol. in-8, cart. 2 fr.
— *Corrigé des Exercices*. In-8, br. 1 fr.

Éditions à l'usage des professeurs. Textes grecs, publiés d'après les travaux les plus récents de la philologie, avec des commentaires critiques et explicatifs et des notices. Format gr. in-8, br. En vente :
Démosthène : Les harangues, par M. H. Weil, membre de l'Institut ; 2ᵉ édition. 1 vol. 8 fr.
— Les plaidoyers politiques, par M. H. Weil. 2 vol. 16 fr.
Euripide : Sept tragédies, par M. H. Weil ; 2ᵉ édition. 1 vol. 12 fr.
Homère : L'Iliade, par M. A. Pierron ; 3ᵉ édit. 2 vol. 16 fr.
— L'Odyssée, par M. A. Pierron ; 2ᵉ édit. 2 vol. 16 fr.
Sophocle : Tragédies, par M. Tournier, maître de conférences à l'École normale supérieure ; 2ᵉ édit. 1 vol. 12 fr.
Thucydide : Guerre du Péloponèse. Livres I et II, par M. Alfred Croiset, professeur à la Faculté des lettres de Paris. 1 vol. 8 fr.

Merlet : *Études littéraires sur les grands classiques grecs*, avec des extraits empruntés aux meilleures traductions. 1 vol. in-16, broché. 4 fr.

Méthode uniforme pour l'enseignement des langues, par E. Sommer :
Abrégé de la grammaire grecque. In-16, cartonné. 1 fr. 50
Questionnaire sur l'Abrégé de grammaire grecque. 1 vol. in-16, cartonné. 90 c.
Exercices sur l'Abrégé de grammaire grecque. 1 vol. in-16, cart. 1 fr. 50
Corrigé desdits exercices. In-16. 2 fr.
Cours de versions grecques, extraites du Recueil de Jacobs. 1ʳᵉ partie. 1 vol. in-16, cartonné. 1 fr.
Corrigé 1 vol. in-16, broché. 1 fr. 25
Cours de versions grecques. 2ᵉ partie. 1 vol. in-16, cartonné. 1 fr.
Corrigé. 1 vol. in-16, broché. 1 fr. 25
Cours de thèmes grecs. In-16. 1 fr. 50
Corrigé des thèmes grecs. In-16. 2 fr.
Cours complet de grammaire grecque. 1 vol. in-8, cartonné. 3 fr.
Exercices sur le Cours complet de grammaire grecque. In-8, cart. 3 fr.
Corrigé desdits. In-8, br. 3 fr. 50
V p. 7 et 19 pour les *langues française et latine*.

Ozaneaux. *Nouveau dictionnaire français-grec.* 1 vol. in-8, cart. toile. 15 fr.

Patin. *Études sur les tragiques grecs*, ou examen critique d'Eschyle, de Sophocle et d'Euripide, 4 vol. in-16, br. 14 fr.

Pères grecs. *Choix de discours*, texte grec annoté par M. Sommer. 1 vol. in-16, cartonné. 3 fr. 75

Person (Léonce), ancien professeur au lycée Condorcet : *Exercices de traduction et d'application* sur les mots grecs, de MM. Bréal et Bailly, groupés d'après la forme et le sens. 1 vol. in-16, cart. 1 fr. 50.
Voyez *Bréal* et *Person*.

Petitjean, professeur au lycée Buffon, et V. **Glachant,** professeur au lycée Lakanal. *Exercices d'application* sur les Premières leçons de grammaire grecque de MM. Croiset et Petitjean. 1 vol. in-16, cartonné toile. 2 fr.
— *Exercices* sur la Grammaire grecque de MM. Croiset et Petitjean. 1 vol. in-16, cart. toile. » »
Voir Croiset et *Petitjean*.

Pierron. *Histoire de la littérature grecque.* 1 vol. in-16, broché. 4 fr.

Planche. *Dictionnaire grec-français*, refondu entièrement par Vendel-Heyl et

A. Pillon. Nouvelle édition augmentée d'un vocabulaire des noms propres, par A. Pillon. 1 vol. grand in-8, cart. 5 fr.
Quicherat (L.). *Chrestomathie* ou premiers exercices de traduction grecque, avec un lexique. Grand in-18, cart. 1 fr. 25
— *Traduction française* des exercices. Grand in-18, broché. 1 fr. 25
Sommer, *Lexique grec-français*, à l'usage des classes élément. 1 vol. in-8, cart. 6 fr.
Voir *Méthode uniforme pour l'enseignement des langues*, pages 6, 18 et 23.
Tournier, maître de conférences à l'Ecole normale. *Clef du vocabulaire grec*. 1 vol. in-16, cartonné. 2 fr. 50
Tournier et **Riemann**, maîtres de conférences à l'Ecole normale supérieure. *Premiers éléments de grammaire grecque*. 1 vol. in-8, cartonné. 1 fr. 50
Traductions françaises des chefs-d'œuvre de la littérature grecque sans le texte grec, à 3 fr. 50 le volume format in-16.
Le nom des traducteurs est indiqué entre parenthèses.
Anthologie grecque, 2 vol.
Aristophane (C. Poyarn), 1 vol.
Diodore de Sicile (F. Hoefer), 4 vol.
Eschyle (Ad. Bouillet), 1 vol.
Euripide (Hinstin). 2 vol.
Hérodote (P. Giguet), 1 vol.
Homère (P. Giguet), 1 vol.
Lucien (E. Talbot), 2 vol.
Plutarque. Vies des hommes illustres (E. Talbot), 4 vol.
— *Œuvres morales* (Bétolaud) 5 vol.
Sophocle (Bellaguet), 1 vol.
Strabon (A. Tardieu), 4 vol.
Thucydide (E. Bétant), 1 vol.
Xénophon (E. Talbot), 2 vol.

10° ÉTUDE DES LANGUES VIVANTES

1° LANGUE ALLEMANDE

Auerbach. *Choix de récits villageois de la Forêt-Noire*. Texte allemand, publié et annoté par M. B. Lévy, ancien inspecteur général de l'instruction publique; 1 vol. petit in-16, cartonné. 2 fr. 50
Le même ouvrage, traduction française, par M. Lang, sans le texte. 1 vol. petit in-16, broché. 3 fr. 50
Bacharach. *Grammaire allemande*, à l'usage des classes supérieures. In-16. 3 f.75
— *Grammaire abrégée de la langue allemande*. 1 vol. in-16, cart. 1 fr. 80
— *Cours de thèmes allemands*, accompagnés de vocabulaires. In-16. cart. 3 fr. 25
Benedix. *Le procès*, comédie. Texte allemand, annoté par M. Lange, chargé de conférences à la Faculté des lettres de Paris. Petit in-16, cart. 60 c.
Le même ouvrage, traduction française de Mme Boullenot avec le texte. 1 vol. in-16, broché. 75 c.
Le même ouvrage, traduction juxtalinéaire, par M. Lang. in-16 br. 1 fr. 50
— *L'entêtement*. Texte allemand, annoté par M. Lange. Petit in-16, cart. 60 c.
Le même ouvrage, traduction française par M. Lang. 1 vol. in-16, broché. 75 c.
Le même ouvrage, traduct. *juxtalinéaire*, par M. Lang. 1 vol. in-16, br. 1 fr. 50
— *Scènes choisies du Théâtre de famille*, texte allemand, publié avec une introduction, des notices et des notes, par M. Feuillié, professeur au lycée Janson de Sailly. 1 vol. petit in-16, cart. 1 fr. 50
— *Le même ouvrage*, traduction française par M. Feuillié. 1 vol. pet. in-16, br. 1 f.50
Bossert et Beck. *Le premier livre d'allemand*, règles, listes de mots et exercices. 3ᵉ édit. 1 vol. in-16, ill., cart. toile. 1 fr. 20
— *Grammaire élémentaire de la langue allemande;* 5ᵉ édition revue et complétée. 1 vol. in-16, cartonnage toile. 1 fr. 50
— *Exercices sur la grammaire élémentaire de la langue allemande*, en 2 parties. 2 vol. in-16, cartonnage toile :
1re partie. 4ᵉ édit. 1 vol. 1 fr. 50
2ᵉ partie. 3ᵉ édit. 1 vol. 1 fr. 50
— *Les mots allemands groupés d'après le sens*. 6ᵉ éd. 1 vol. in-16, cart. toile. 1 fr. 50
— *Exercices sur les mots allemands groupés d'après le sens*. 1 v. in-16, cart. 1 fr. 50
— *Lectures classiques allemandes*, à l'usage de l'enseignement secondaire, 3 vol. in-16 avec grav. cart. toile.
Lectures enfantines. 1 vol. 1 fr.
Morceaux choisis à l'usage des classes élémentaires. 1 vol. 1 fr. 50
— *Morceaux choisis* à l'usage des classes de grammaire. 1 vol. » »
Braeunig et Dax. *Exercices pratiques de langue allemande*, format in-16, cart.
Classe Préparatoire. 1 vol. 1 fr. 50
Classe de Huitième. 1 vol. 1 fr. 50
Classe de Septième. 1 vol. 1 fr. 50
Classes de Grammaire. 1 vol. 1 fr. 70

ÉTUDE DES LANGUES VIVANTES

Campe. *Le jeune Robinson.* Texte allemand, 1 vol. in-16, cartonné. 1 fr. 50
Chamisso. *Pierre Schlemihl.* Texte allemand, annoté par M. Koell, professeur au lycée Louis-le-Grand. Petit in-16. 1 fr.
Le même ouvrage, traduction française. 1 vol. petit in-16, broché. 1 fr.
Chasles et Eguemann, *Les mots et les genres de la langue allemande.* 1 vol. in-8 cartonné, 2 fr. 50
Voir Eguemann.
Choix de fables et de contes en allemand, recueillis et publiés avec une introduction, des notices et des notes, par M. Mathis, professeur au lycée de Toulouse. 1 vol. petit in-16, cartonné. Prix : 1 fr. 50
Contes et morceaux choisis de Schmid, Krummacher, Liebeskind, Lichtwer, Hebel, Herder et Campe. Texte allemand, annoté par M. Scherdlin, professeur au lycée Charlemagne. Petit in-16, cart. 1 fr. 50
Contes populaires tirés de Grimm, Musæus, Andersen et des *Feuilles de palmier* par Herder et Liebeskind. Texte allemand, annoté par M. Scherdlin. 1 vol. petit in-16, cart. 2 fr. 50
Desfeuilles. *Abrégé de grammaire allemande.* In-16, cartonné. 2 fr. 50
— *Exercices sur l'Abrégé de grammaire allemande.* In-16, cartonné. 2 fr. 50
— *Corrigé des exercices.* In-16, br. 2 fr.
Eguemann. *Le premier livre des mots, des racines et des genres en allemand*, 1 vol. in-18, cartonné. 75 c.
Voir *Chasles et Eguemann*.
Eichhoff. *Morceaux choisis* en prose et en vers des classiques allemands. 3 vol. in-16, cart. :
Iᵉʳ vol. : Cours de Troisième. 1 fr. 50
IIᵉ vol. : Cours de Seconde. 2 fr. 50
IIIᵉ vol. : Cours de Rhétorique. 3 fr.
Gœthe. *Gœtz de Berlichingen.* Texte allemand, annoté par M. Lichtenberger, professeur à la Faculté des lettres de Paris ; à l'usage des professeurs. 1 vol. grand in-8, broché. 10 fr.
— *Campagne de France.* Texte allemand, annoté par M. Lévy. 1 vol. petit in-16, cartonné. 1 fr. 50
Le même ouvrage, traduction française, par M. Porchat, sans le texte. 1 vol. petit in-16, broché. 2 fr.
— *Faust*, 1ʳᵉ partie. Texte allemand, annoté par M. Büchner, professeur à la Faculté des lettres de Caen. In-16, cart. 2 fr.
Le même ouvrage, traduction française, par M. Porchat, sans le texte allemand. 1 vol. petit in-16, broché. 2 fr.
— *Hermann et Dorothée.* Texte allemand annoté, par M. Lévy. In-16, cart. 1 fr.
Le même ouvrage, traduction française, par M. Lévy, avec le texte allemand et des notes. 1 vol. in-16. 1 fr. 50
Le même ouvrage, traduction juxtalinéaire, par M. Lévy. In-16. 3 fr. 50
— *Iphigénie en Tauride.* Texte allemand, annoté par M. Lévy. Petit in-16, cart. 1 50
Le même ouvrage, traduction française, par M. Lévy, avec le texte allemand et des notes. 1 vol. in-16, broché. 2 fr.
Le même ouvrage, traduction juxtalinéaire, par M. Lang. In-16. 3 r. 50
— *Le Tasse*, Texte allemand, annoté par M. Lévy. Petit in-16, cart. 1 fr. 80
Le même ouvrage, traduction française par M. Porchat, sans le texte allemand. 1 vol. in-16, broché. 2 fr.
Le même ouvrage, traduction juxtalinéaire, par M. Lang. In-16. 3 fr. 50
— *Morceaux choisis.* Texte allemand, annoté, par M. Lévy. Petit in-16, cart. 3 fr.
Gœthe et Schiller : *Poésies lyriques*, texte allemand publié avec une notice littéraire et des notes par M. H. Lichtenberger, maitre de conférences à la Faculté des lettres de Nancy. 1 vol. petit in-16, cartonné. 2 fr. 50
Hauff. *Lichtenstein*, parties I et II. Texte allemand publié et annoté par M. Muller, professeur au collège Rollin. 1 vol. petit in-16, cartonné. 2 fr. 50
— *Lichtenstein*, traduction française par M. de Suckau. 1 vol. in-16, br. 1 fr. 25
Hebel : *Contes choisis*, texte allemand, publié avec une introduction, une notice, des notes, par M. Feuillié, professeur au lycée Janson de Sailly. 1 vol. petit in-16, cartonné. 1 fr. 50
Le même ouvrage, traduction française par M. Feuillié. 1 vol. petit in-16, br. »
Voir *Contes et morceaux choisis.*
Heinhold. *Petit dictionnaire français-allemand et allemand-français.* 1 vol. in-16, cartonnage toile. 4 fr.
Herder. *Idées sur la philosophie de l'histoire de l'humanité.* Texte allemand ; édition complète. In-16, cart. 4 fr. 50
Hoffmann : *Le tonnelier de Nuremberg (Meister Martin).* Texte allemand, annoté par M. Bauer. Petit in-16, cart. 2 fr.
Le même ouvrage, traduction française par M. Malvoisin. 1 vol. petit in-16 broché. fr. 5

Kleist : *Michaël Kohlhaas.* Texte allemand, annoté par M. Koch. 1 vol. petit in-16, cartonné. 1 fr.
Le même ouvrage, traduit en français par Mme Ida Becker, avec le texte allemand. 1 vol. petit in-16, br. 2 fr. 50
Le même ouvrage, traduction juxtalinéaire par Mme Ida Becker. 1 vol. in-16, broché. 4 fr.

Koch, professeur au lycée Saint-Louis : *Cours primaire d'allemand.* 1 vol. in-16, cartonné. 2 fr.
— *La classe en allemand*, nouveaux dialogues. Petit in-16, cartonné. 1 fr. 25
— *Lexique français-allemand*, rédigé conformément au décret du 19 juin 1880, à l'usage des candidats au baccalauréat. 1 vol. in-16, cartonné toile. 4 fr.
Reconnu conforme à la note officielle du 29 janvier 1891.
— *Lexique allemand-français*, contenant un grand nombre de termes nouveaux et l'indication de la nouvelle orthographe allemande. 1 vol. in-16, cart. toile. 6 fr.

Kotzebuë. *La petite ville allemande*, suivie d'extraits de *Misanthropie et Repentir*, et de l'*Epigramme*. Texte allemand, annoté par M. Bailly. 1 vol. petit in-16, cartonné. 1 fr. 50
Le même ouvrage, traduction française par M. Desfeuilles, avec le texte allemand. 1 vol. in-16, broché. 2 fr.
Le même ouvrage, trad. juxtalinéaire par M. Desfeuilles. 1 vol. in-16, br. 3 fr. 50

Krummacher. *Paraboles.* Texte allemand. In-16, cartonné. 1 fr. 50
Le même ouvrage, trad. française, par M. l'abbé Bautain. In-16, br. 1 fr. 50

Lectures géographiques. Textes extraits des écrivains allemands, par M. Kuhff, avec exercices et cartes. In-16, cart. 3 fr.

Le Roy. *Recueil de versions allemandes.* Textes et traductions. 2 vol. in-16. 2 fr.

Lessing. *Fables*, annotées par M. Boutteville. 1 vol. in-16, cartonné. 1 fr.
Le même ouvrage, trad. *juxtalinéaire*, par M. Boutteville. In-16, br. 1 fr. 50
— *Dramaturgie de Hambourg*. Extraits annotés par M. Cottler. 1 vol. petit in-16, cartonné. 1 fr. 50
Le même ouvrage, traduction française, par M. Desfeuilles, avec le texte en regard. 1 vol. in-16, broché. 3 fr.
Le même ouvrage, traduction *juxtalinéaire*, par M. Desfeuilles. 1 vol. in-16, broché. 7 fr. 50
— *Lettres sur la littérature moderne et lettres archéologiques*. Extraits annotés par M. Cottler. 1 vol. petit in-16, cart. 2 fr.
— *Laocoon.* Texte allemand, annoté par M. Lévy. 1 vol. petit in-16, cart. 2 fr.
Le même ouvrage, trad. fr. par M. Courtin, sans le texte 1 vol. in-16, br. 2 fr.
— *Minna de Barnheim.* Texte allemand, par M. Lévy. Petit in-16, cart. 1 fr. 50
Le même ouvrage, traduction française par M. Lang. 1 vol. petit in-16, br. 1 fr.

Lévy (B.), ancien inspecteur général de l'Instruction publique : *Exercices de conversation allemande*. 3 vol in-16, cart. :
I. *Exercices sur les parties du discours*, à l'usage des cours élémentaires. 1 volume. 1 fr. 25
Traduction française, par M. Hildt. 1 vol. in-16, broché. 1 fr. 50
II. *Sujets de conversation*, à l'usage des cours moyens. 1 vol. 1 fr. 75
Traduction française, par M. Schmitt. 1 vol. in-16, broché. 2 fr.
III. *Sujets de conversation*, à l'usage des cours supérieurs. 1 vol. 3 fr.
Traduction française, par M. Schmitt. 1 vol. in-16, broché. 3 fr. 50
— *Recueil de lettres allemandes*, avec notes en français. 1 vol. in-16, cartonné. 2 fr.
Le même ouvrage, reproduit en écritures autographiques. 1 vol. in-8, cart. 3 fr. 50

Niebuhr. *Histoires tirées des temps héroïques de la Grèce.* Texte allemand, annoté, par M. Koch. 1 vol. petit in-16, cartonné. 1 fr. 50
Le même ouvrage, traduction française, par Mme Koch, avec le texte allemand. 1 vol. in-16, broché. 1 fr. 75
Le même ouvrage, traduction *juxtalinéaire*, par Mme Koch. In-16. 2 fr. 50

Riquiez, professeur agrégé d'allemand au lycée Henri IV. *Manuel de grammaire allemande*. Résumé des principales difficultés grammaticales enseignées par des exemples. 1 vol. in-16, cartonné 1 fr. 50
— *Cours de thèmes allemands*. 1 vol. in-16 cartonné. 1 fr. 50

Scherdlin, professeur au lycée Charlemagne. *Cours de thèmes allemands*, à l'usage des candidats au baccalauréat et à l'École Saint-Cyr. In-16. 3 fr.
— *Traduction allemande* du Cours de thèmes. In-16, cartonné. 3 fr. 50
— *Cours élémentaire de thèmes allemands* rédigé conformément aux programmes de 1892, à l'usage des classes de 9e, 8e et 7e avec des éléments de grammaire et un lexique. 1 vol. in-16, cart. 2 fr.

ÉTUDE DES LANGUES VIVANTES 27

Scherdlin (suite). *Lectures enfantines*, à l'usage des classes Préparatoires. In-16, cartonné. 1 fr. 25
— *Morceaux choisis d'auteurs allemands*, en prose et en vers, publiés avec des notes et un vocabulaire; in-16, cart. :
    Classe de Huitième. 1 vol. 75 c.
    Classe de Septième. 1 vol. 75 c.
    Classe de Sixième. 1 vol. 1 fr.
    Classe de Cinquième. 1 vol. 1 fr.
    Classe de Quatrième. 1 vol. 1 fr.
    Classe de Troisième. 1 vol. 1 fr. 50
    Classe de Seconde. 1 vol. 1 fr. 50
    Classe de Rhétorique (en préparation.)
Schiller. *Histoire de la guerre de Trente ans*. Texte allemand annoté par MM. Schmidt et Leclaire. 1 vol. petit in-16, cartonné. 2 fr. 50
Le même ouvrage, traduction française de M. Ad. Regnier, sans le texte allemand. 1 vol. petit in-16. br. 3 fr. 50
— *Histoire de la révolte qui détacha les Pays-Bas de la domination espagnole*. Texte allemand, annoté par M. Lange. 1 vol. petit in-16, cart. 2 fr. 50
Le même ouvrage, traduction française, par M. Ad. Regnier, sans le texte. 1 vol. in-16, broché. 3 fr.
— *Jeanne d'Arc*. Texte allemand, annoté par M. Bailly, maître de conférences à la Faculté des lettres de Lille. 1 vol. petit in-16, cart. 2 fr. 50
Le même ouvrage, traduction française, par M. Ad. Regnier, sans le texte, 1 v. petit in-16, br. 2 fr.
— *Guillaume Tell*, drame. Texte allemand, annoté par M. Th. Fix. 1 vol. in-16, cartonné. 1 fr. 50
Le même ouvrage, traduction française avec le texte en regard, par M. Fix 1 vol., in-16, broché. 2 fr. 50
Le même ouvrage, traduction juxtalinéaire, par M. Fix. 1 v. in-16, br. 5 fr.
— *La fiancée de Messine*. Texte allemand, publié avec des notes par M. Scherdlin. 1 vol. petit in-16, cartonné. 1 fr. 50
Le même ouvrage, traduction française par M. Ad. Regnier, avec le texte. 1 vol. in-16, broché. 2 fr.
Le même ouvrage, traduction juxtalinéaire, par M. Schnaufer. 1 vol. in-16, broché. 3 fr. 50
— *Marie Stuart*, tragédie. Texte allemand, annoté par M. Fix. In-16, cart. 1 fr. 50
Le même ouvrage, traduction française avec le texte en regard, par M. Fix. 1 vol. in-16, broché. 4 fr.
Le même ouvrage, traduction juxtalinéaire, par M. Fix. 1 v. in-16, br. 6 fr.
— *Morceaux choisis*, publiés et annotés par M. Levy. Petit in-16, cartonné. 3 fr.
— *Wallenstein*. Texte allemand, annoté par M. Cottler. Petit in-16, cart. 2 fr. 50
Le même ouvrage, traduction française, par M. Ad. Regnier, sans le texte. 1 vol. petit in-16, broché. 3 fr.
Schiller et Gœthe. *Extraits de leur correspondance*. Texte allemand, annoté par M. B. Lévy. Petit in-16, cart. 3 fr.
Le même ouvrage. trad. franç., par M. B. Lévy. 1 vol. petit in-16, br. 3 fr. 50
— *Poésies lyriques*, texte allemand publié et annoté par M. Lichtenberger, maître de conférences à la Faculté des lettres de Nancy. 1 vol. petit in-16, cart 2 fr. 50
Schmid. *Les œufs de Pâques*. Texte allemand, annoté par M. Scherdlin. petit in-16, cart. 1 fr. 25
— *Cent petits contes*. Texte allemand, annoté par M. Scherdlin, 1 vol. petit in-16, cartonné. 1 fr. 50
Le même ouvrage, traduction française, par M. Scherdlin, avec le texte. 1 vol. in-16, br. 2 fr.
Le même ouvrage, traduction juxtalinéaire, par M. Scherdlin. 1 vol. in-16, broché. 3 fr. 50
Suckau. *Dictionnaire allemand-français et français-allemand*, complètement refondu et remanié par M. Th. Fix. 1 fort vol. grand in-8, cartonnage toile. 15 fr.
Le *Dictionnaire allemand-français* et le *Dictionnaire français-allemand* se vendent chacun séparément, cart. toile. 8 fr.

2° LANGUE ANGLAISE

Alkin et Barbauld : *Soirées au logis* (Evenings at home). Extraits publiés avec des notices et des notes, par M. Tronchet, professeur au lycée de Lyon. 1 vol. petit in-16, cartonné. 1 fr. 50
Baume (P.). *Correspondance générale anglaise et française*. 1 vol. in-16, cartonnage toile. 3 fr. 50
Battier et Legrand, agrégés de l'Université. *Lexique français-anglais*, rédigé conformément au décret du 19 juin 1880, à l'usage des candidats au baccalauréat. 1 vol. in-16, cart. toile. 4 fr.
Reconnu conforme à la note officielle du 29 janvier 1881.
Beljame (A.), chargé de cours à la Faculté des lettres de Paris. *Première année d'anglais*. 12° édit. 1 vol. in-16. 1 fr.

Beljame (suite). *Deuxième année d'anglais*, 6ᵉ édit. 1 vol. in-16. 1 fr. 25
— *First english reader*, à l'usage de la classe Préparatoire. 6ᵉ édit., 1 vol. in-16, cart. toile. 1 fr.
— *Second english reader*. Classe de Huitième. 3ᵉ éd., 1 v. in-16, cart. toile. 1 fr. 25
— *Third english reader*. Classe de Septième. 3ᵉ édit., 1 vol. in-16, cartonnage toile, 1 fr. 50
— *Exercices oraux de langue anglaise*. 1 vol. in-16, cartonné. 1 fr. 50
— *Cours pratique de prononciation anglaise*. 1 vol. in-8, cartonné. 2 fr.
Bossert et **Beljame** *Les mots anglais groupés d'après le sens*, 3ᵉ édit. 1 vol. in-16, cartonnage toile. 1 fr. 50
V. Soult.
Byron. *Childe Harold*. Texte anglais, annoté par M. Emile Chasles, inspecteur général de l'instruction publique. 1 vol. petit in-16, cartonné. 2 fr.
Le même ouvrage, traduction de M. Bellet, avec le texte. In-16, broché. 3 fr.
Le même ouvrage, traduction *juxtalinéaire*, par M. Bellet. 1 vol. in-16, 6 fr.
Chacun des trois premiers chants. 1 fr. 50
Le quatrième chant. 2 fr. 50
Choix de contes anglais publié et annoté par M. Beaujeu, professeur au lycée Condorcet. 1 vol. petit in-16, cart. 1 fr. 50
Le même ouvrage, traduction française. 1 vol. petit in-16, br. 1 fr. 50
Cook (le capitaine). *Voyages*. Texte anglais. Extraits annotés par M. Angellier. 1 vol. petit in-16, cartonné. 1 fr. 50
Corner (Miss). *Histoire d'Angleterre*. Texte anglais ; édition complète. In-16, cartonnage toile. 3 fr. 50
— *Abrégé de l'Histoire d'Angleterre*. Texte anglais. In-18, cartonnage toile. 2 fr.
— *Histoire de la Grèce*. Texte anglais ; édition complète. In-16, cart. toile. 3 fr. 50
— *Abrégé de l'Histoire de la Grèce*. Texte anglais. In-18, cartonnage toile. 2 fr.
— *Histoire de Rome*. Texte anglais ; édition complète. In-16, cart. toile. 3 fr. 50
— *Abrégé de l'Histoire de Rome*. Texte anglais. In-18, cartonnage toile. 2 fr.
Dickens. *Histoire d'Angleterre*. Texte anglais. In-16, cart. toile. 2 fr. 50
— *David Copperfield*. Texte anglais. In-16, cartonnage toile. 3 fr.
— *Nicolas Nickleby*. Texte anglais. In-16, cartonnage toile. 3 fr.
— *Un conte de Noël* (A. Christmas carol's). Texte anglais, publié et annoté par M. Fiévet, professeur au lycée Henri IV. 1 vol. petit in-16, cart. 1 fr. 50
Edgeworth (Miss). *Contes choisis*, annotés par M. Motheré, professeur au lycée Charlemagne. 1 vol. petit in-16, cart. 2 fr.
— *Forester*. Texte anglais, annoté par M. A. Beljame, Petit in-16. 1 fr. 50
Le même ouvrage, traduction française de M. Beljame. In-16, broché. 1 fr. 50
— *Old Poz*, texte annoté par M. A. Beljame. 1 vol. petit in-16 carré. 40 c.
Eichhoff. *Morceaux choisis* en prose et en vers des classiques anglais. 3 vol. in-16, cartonnés :
1ᵉʳ vol : Cours de Troisième. 1 fr. 50
2ᵉ vol. : Cours de Seconde. 2 fr. 50
3ᵉ vol. : Cours de Rhétorique. 3 fr.
Éliot (G.). *Silas Marner*. Texte anglais, annoté par M. Malfroy, professeur au lycée Michelet. Petit in-16, cart. 2 fr. 50
Le même ouvrage, trad. française. 1 vol. in-16. 1 fr. 25
Filon (Augustin). *Histoire de la littérature anglaise*. 1 vol. in-16, br. 6 fr.
Fleming. *Abrégé de grammaire anglaise*. 1 vol. in-16, cartonné 1 fr. 25
— *Exercices*. In-16, cart. 1 fr. 25
— *Corrigé* desdits. In-16, br. 1 fr. 50
— *Cours complet de grammaire anglaise*. In-8, cartonné. 3 fr.
— *Exercices* par M. Aug. Beljame. In-8. 3 fr.
Foe (Daniel de). *Vie et aventures de Robinson Crusoé*. Texte anglais, annoté par M. A. Beljame. Petit in-16. 1 fr. 50
Franklin (B.) : *Autobiographie*. Texte anglais, annoté par M. Fiévet, professeur au lycée Henri IV. 1 volume petit in-16, cartonné. 1 fr. 50
Le même ouvrage, traduction française par M. Laboulaye. 1 vol. petit in-16, broché. 1 fr. 50
Goldsmith. *Le vicaire de Wakefield*. Texte anglais, annoté par M. A. Beljame. 1 vol. petit in-16, cartonné. 1 fr. 50
— *Le voyageur; le village abandonné*. Texte anglais, annoté par M. Motheré. 1 vol. petit in-16, cartonné. 75 c.
Le même ouvrage, traduction française de M. Legrand, avec le texte. 1 vol. in-16, broché. 75 c.
Le même ouvrage, traduction *juxtalinéaire*, par M. Legrand. In-16. 1 fr. 50
— *Essais choisis*. Texte anglais, annoté par M. Mac-Enery. Petit in-16, cart. 1 fr. 50
Gousseau et **Koch**. *La classe en anglais*. Nouveaux dialogues. Petit in-16, cartonné. 1 fr. 25

ÉTUDE DES LANGUES VIVANTES

Gray. *Choix de poésies.* Texte anglais, annoté par M. Legouis, maitre de conférences à la Faculté des lettres de Lyon. 1 vol. petit in-16, cartonné. 1 fr. 50

Hughes. *Les trois jours de classe de Tom Brown.* Texte anglais. In-16, cart. 2 fr. 50

Irving (Washington). *Le livre d'esquisses* (The sketch book). Extraits publiés par M. Fiévet, professeur au lycée Henri IV. 1 vol. petit in-16, cartonné. 1 fr. 50
— *La vie et les voyages de Christophe Colomb.* Texte anglais, édition abrégée par M. E. Chasles, inspecteur général. 1 vol. petit in-16, cartonné. 2 fr.

Korts (G.) : *Commercial terms.* Vocabulaire anglais-français et français-anglais. 1 vol. in-16, cartonnage toile. 2 fr.

Le Roy. *Recueil de versions anglaises.* Textes et traductions. 2 volumes in-16, brochés. 2 fr.

Macaulay. *Morceaux choisis des Essais.* Texte anglais, annoté par M. A. Beljame. 1 vol. petit in-16, cart. 2 fr. 50
Le même ouvrage, traduction française de M. Aug. Beljame. In-16, br. 4 fr. 50
— *Morceaux choisis de l'histoire d'Angleterre.* Texte anglais, annoté par M. Battier, ancien professeur au lycée Saint-Louis. 1 vol. petit in-16, cart. 2 fr. 50

Mac Enery, professeur au lycée Condorcet. *L'anglais mis à la portée de tout le monde.* 1 vol. in-16, cartonné. 2 fr.

Meadmore, professeur agrégé au lycée d'Amiens : *Les idiotismes et les proverbes de la conversation anglaise*, groupés d'après le plan des mots anglais de MM. Bossert et Beljame. 1 vol. in-16, cartonnage toile. 1 fr. 50

Milton. *Paradis perdu*, livres I et II. Texte anglais, annoté par M. A. Beljame. 1 vol. petit in-16, cartonné. 90 c.
Le même ouvrage, traduction juxtalinéaire, par M. Legrand. In-16. 2 fr. 50

Morel, professeur au lycée Louis-le-Grand. *Cours de thèmes anglais*, à l'usage des classes supérieures et des candidats au baccalauréat. 1 vol. in-16, cartonné. Prix. 2 fr. 50

Passy. *Premiers éléments de langue anglaise.* 1 vol. in-16, broché. 1 fr. 25

Pope. *Essai sur la critique.* Texte anglais annoté par M. Motheré. Petit in-16. 75 c.
Le même ouvrage, traduction française, par M. Motheré, avec le texte. In-16. 1 fr.
Le même ouvrage, traduction juxtalinéaire, par M. Motheré. In-16. 1 fr. 50

Ragon. *Correspondance commerciale française et anglaise.* 1 vol. in-16, cartonné toile. 5 fr.

Shakespeare. *Coriolan.* Texte anglais, annoté par M. Fleming. 1 vol. in-16, cartonné. 2 fr.
Le même ouvrage, trad. française, avec le texte, par M. Fleming. 1 vol. in-16, broché. 4 fr.
Le même ouvrage, traduction juxtalinéaire. 1 vol. in-16, broché. 6 fr.
— *Jules César.* Texte anglais, annoté par M. Fleming. Petit in-16, cart. 1 fr. 25
Le même ouvrage, traduction par M. Montégut, avec le texte. In-16. 1 fr. 50
Le même ouvrage traduction juxtalinéaire, par M. Legrand. In-16 2 fr. 50
— *Henri VIII.* Texte anglais, annoté par M. Morel. Petit in-16, cart. 1 fr. 25
Le même ouvrage, traduction française par M. Montégut. In-16, br. 1 fr. 50
Le même ouvrage, traduction juxtalinéaire, par M. Morel. In-16, br. 3 fr.
— *Macbeth*, Texte anglais, annoté par M. O'Sullivan. 1 vol. in-18, cart. 1 fr.
Le même ouvrage, traduction française de M. Montégut, avec le texte. 1 vol. in-16, broché. 1 fr. 50
Le même ouvrage, traduction juxtalinéaire, par M. Angellier. 1 vol. in-16, broché. 2 fr. 50
— *Othello.* Texte anglais, annoté par M. Morel. 1 vol. in-16, cart. 1 fr. 80
Le même ouvrage, traduction française par M. Montégut, avec le texte. 1 vol. in-16, broché. 1 fr. 50
Le même ouvrage, traduction juxtalinéaire, par M. Legrand, 1 vol. in-16 3 fr.
— *Richard III.* Texte anglais. In-18. 1 fr.
Le même ouvrage, traduction française par M. Bellet. In-16, broché. 2 fr.
Le même ouvrage, traduction juxtalinéaire, par M. Bellet. In-16, br. 4 fr.

Soult (Mme). *Exercices sur les mots anglais groupés d'après le sens* de MM. Bossert et Beljame. 2e édition. 1 vol. in-16, cartonnage toile. 1 fr. 50

Stuart Mill. *La Liberté.* Texte anglais. 1 vol. in-16, cartonné. 1 fr. 60

Tennyson. *Poèmes choisis*, contenant la Grand'mère (Tennyson for the young and for recitation). Texte anglais. 1 vol. in-16, cartonné. 2 fr.
— *Enoch Arden.* Texte anglais, annoté par M. Al. Beljame. 1 vol. petit in-16, cartonné. 1 fr.
Le même ouvrage, traduction française par le même. 1 vol, in-18, br. 50 c.

Walter Scott. *Extraits des contes d'un grand-père*. Texte anglais, annoté par M. Talandier. Petit in-16, cart. 1 fr. 50
— *Morceaux choisis* annotés par M. Battier. 1 vol. petit in-16, cartonné. 3 fr.
— *Les puritains d'Écosse* (Old mortality). Texte anglais, in-16, cartonné. 2 fr.
— *L'antiquaire.* Texte anglais. In-1°, c. 2 fr.
— *Rob Roy*. Texte anglais. In-16, c. 2 fr.
— *Ivanhoë*. Texte anglais. In-16, c. 2 fr.

3° LANGUE ITALIENNE

Dante. *L'Enfer*, 1er chant. Texte italien, annoté par M. Melzi. Petit in-16. 75 c.
Le même ouvrage, traduction *juxtalinéaire*. 1 vol. in-16, broché. 1 fr.
— *La Divine Comédie*, trad. française de P.-A. Florentino. 1 vol. in-16. 3 fr. 50
Dialogues français-italiens, précédés d'un abrégé de grammaire française et d'un abrégé de grammaire italienne. 1 vol. in-32, cartonné. 3 fr.
Étienne, ancien recteur d'Académie : *Histoire de la littérature italienne*, depuis ses origines jusqu'à nos jours ; 2° édition. 1 vol. in-16, broché. 4 fr.
Ouvrage couronné par l'Académie française
Machiavel. *Discours sur la première décade de Tite-Live*. Texte italien, réduit à l'usage des classes, et précédé d'une introduction en français, par M. de Tréverret, professeur à la Faculté des lettres de Bordeaux. 1 vol. in-16, br. 2 fr. 50

Manzoni. *Les fiancés*. Texte italien, précédé d'une introduction en français, par M. de Tréverret. 1 vol. in-16. 2 fr. 50
— *Le même ouvrage*, traduction française par M. Martinelli. 2 vol. in-16, brochés. 2 fr. 50
Morceaux choisis en prose et en vers des classiques italiens, publié par M. Louis Ferri. 1 vol. petit in-16, cartonné. 2 fr.
Paoli. *Abrégé de grammaire italienne*. 1 vol. in-16, cartonné. 1 fr. 25
Rapelli. *Exercices sur l'abrégé de la grammaire italienne*. In-16. 1 fr. 25
— *Corrigé des exercices*. In-16. 1 fr. 50
Tasse. *La Jérusalem délivrée*. Texte italien, expurgé à l'usage des classes, et précédé d'une introduction en français, par M. de Tréverret. 1 vol. in-16. 2 fr. 50

4° LANGUE ESPAGNOLE

Bustamante (Corona). *Diccionario frances-español*. 1 vol. in-8, relié. 17 fr.
Calderon de la Barca. *Le magicien prodigieux*. Texte espagnol, publié par M. Magnabal. 1 vol. petit in-16, cartonné. 1 fr. 50
Cervantés. *Le captif*, texte espagnol extrait de don Quichotte, publié avec des notes par M. J. Merson. In-16, cart. 1 fr.
Le même ouvrage, traduction française, avec le texte en regard, par M. J. Merson. In-16 broché. 2 fr.
Le même ouvrage, traduction *juxtalinéaire*, par M. J. Merson. In-16. 3 fr.
Dialogues français-espagnols, précédés d'un abrégé de grammaire française et d'un abrégé de grammaire espagnole. 1 vol. in-32, cartonné. 3 fr.

Hernandez. *Abrégé de grammaire espagnole*. 1 vol. in-16, cartonné. 1 fr. 25
— *Exercices*. in-16, cartonné. 1 fr. 25
— *Cours complet de grammaire espagnole*. 1 vol. in-8, cartonné. 3 fr. 50
Mendoza (Hurtado de). *Morceaux choisis de la guerre de Grenade*. Texte espagnol, publié et annoté par M. Magnabal. 1 vol. petit in-16, cartonné. 90 c.
Morceaux choisis en prose et en vers des classiques espagnols, publiés par MM. Hernandez et Le Roy. 1 vol. in-16, cartonné. 2 fr.
Solis (Antonio de). *Morceaux choisis de la conquête du Mexique*. Texte espagnol, publié par M. Magnabal. 1 vol. petit in-16, cartonné. 1 fr. 80

NOUVEAU COURS
DE
GRAMMAIRE FRANÇAISE
Rédigé conformément au programme
DE L'ENSEIGNEMENT SECONDAIRE CLASSIQUE
PAR

A. BRACHET	**J. DUSSOUCHET**
Lauréat de l'Académie française et de l'Académie des Inscriptions.	Agrégé des classes de grammaire, Professeur au lycée Henri IV.

8 volumes in-16, cartonnage toile
COURS ÉLÉMENTAIRE

Grammaire française à l'usage des classes élémentaires, avec exercices. 1 vol.   1 fr. 20
Exercices complémentaires et corrigés, à l'usage des professeurs. 1 vol. . . .   2 fr. 50

COURS MOYEN

Grammaire française à l'usage de la classe de 6e et de la classe de 5e. 1 vol.   1 fr. 20
Exercices à l'usage des élèves. 1 vol.   1 fr. »
Exercices complémentaires et corrigés, à l'usage des professeurs. 1 vol. . . .   2 fr. 75

COURS SUPÉRIEUR

Grammaire française à l'usage de la classe de 4e et des classes supérieures. 1 vol.   2 fr. 50
Exercices étymologiques à l'usage des élèves. 1 vol. . . . .   1 fr. »
Corrigé des exercices étymologiques, à l'usage des professeurs. 1 vol. . . .   2 fr. »

MICHEL BRÉAL et	**LÉONCE PERSON**
Professeur au Collège de France	Ancien professeur au lycée Condorcet
GRAMMAIRE LATINE	**GRAMMAIRE LATINE**
ÉLÉMENTAIRE	COURS ÉLÉMENTAIRE MOYEN
1 vol. in-16, cartonnage toile. . . . 2 fr.	1 vol. in-16, cartonnage toile. . . 5 fr. 20

ALFRED CROISET	**PETITJEAN**
Professeur à la Faculté des lettres de Paris	Professeur agrégé au lycée Buffon

PREMIÈRES LEÇONS DE GRAMMAIRE GRECQUE
RÉDIGÉES CONFORMÉMENT AU PROGRAMME DU 28 JANVIER 1890
A l'usage de la classe de Cinquième

Un volume in-16, cartonnage toile. . . . . 1 fr. 50

EXERCICES D'APPLICATION SUR LES
PREMIÈRES LEÇONS DE GRAMMAIRE GRECQUE
Par MM. V. GLACHANT, professeur agrégé au lycée Lakanal
et PETITJEAN, professeur agrégé au lycée Buffon.

Un volume in-16, cartonnage toile . . . . 2 fr.

GRAMMAIRE GRECQUE
A l'usage des classes de grammaire et de lettres
Par MM. CROISET et PETITJEAN.

Un volume in-16, cartonnage toile. . . . . 3 fr.

En préparation :
Exercices d'application sur la Grammaire grecque, par MM. PETITJEAN ET GLACHANT. 1 vol. in-16, cartonnage toile. . . . . » »

DICTIONNAIRES
LATIN-FRANÇAIS ET FRANÇAIS-LATIN
De L. QUICHERAT
NOUVELLES ÉDITIONS, ENTIÈREMENT REFONDUES
Par M. CHATELAIN
Maître de conférences à la Faculté des lettres de Paris.

2 volumes grand in-8°, cartonnage toile. Chaque volume.. . . . . **9 fr. 50**

LEXIQUES
LATIN-FRANÇAIS ET FRANÇAIS-LATIN
Extraits des Dictionnaires de M. QUICHERAT
Par M. SOMMER
Nouvelles éditions refondues par M. CHATELAIN

2 volumes in-8°, cartonnage toile. Chaque volume.. . . . . . . **3 fr. 75**

DICTIONNAIRE GREC-FRANÇAIS
Par M. C. ALEXANDRE
SUIVI D'UN
VOCABULAIRE GREC-FRANÇAIS
DES NOMS PROPRES DE LA LANGUE GRECQUE
Par A. PILLON

1 volume grand in-8°, cartonnage toile. . . . . **15 fr.**

ABRÉGÉ DU
DICTIONNAIRE GREC-FRANÇAIS
Par M. C. ALEXANDRE

1 volume grand in-8°, cartonnage toile. . . . . **7 fr. 50**

DICTIONNAIRE FRANÇAIS-GREC
Par MM. ALEXANDRE, PLANCHE et DEFAUCONPRET

1 volume grand in-8°, cartonnage toile. . . . . **15 fr.**

NOUVEAU DICTIONNAIRE FRANÇAIS-GREC
Par M. OZANEAUX

1 volume in-8°, cartonnage toile.. . . . . **15 fr.**

LEXIQUE GREC-FRANÇAIS
A L'USAGE DES CLASSES ÉLÉMENTAIRES
Par M. SOMMER

1 volume in-8°, cartonnage toile. **6 fr.**

LEXIQUE FRANÇAIS-GREC
A L'USAGE DES CLASSES ÉLÉMENTAIRES
Par M. DUBNER

1 volume in-8°, cartonnage toile. . . . . **6 fr.**

25162. — Imp. Lahure, rue de Fleurus, 9, à Paris. 8-92 — 20000

	contre... fr.	— Criton........
	3 fr. 50	— Gorgias.......
	3 fr. 50	— Phédon.......
	2 fr.	— République...
	2 fr. 50	— République...
	3 fr.	PLUTARQUE :
	50 c.	Sur l'E........
	1 fr.	— Vie d'Alexandre
	2 fr. 25	— Vie d'Aristide.
	3 fr.	— Vie de César..
	3 fr.	— Vie de Cicéron.
	1 fr. 50	— Vie de Démosthène
	3 fr.	— Vie de Marius.
	1 fr. 25	— Vie de Pompée
	2 fr.	— Vie de Solon..
	3 fr.	— Vie de Sylla..
	2 fr.	— Vie de Thémistocle
	3 fr. 50	SOPHOCLE : Ajax
	3 fr.	— Antigone.....
(Saint)		— Electre.......
	1 fr. 25	— Œdipe à Colone
	90 c.	— Œdipe roi....
(Saint)		— Philoctète....
	75 c.	— Trachiniennes (les)
	75 c.	THÉOCRITE : (Œuvres)
	1 fr. 50	THUCYDIDE : Guerre du Pél.
		livre I........
	1 fr. 50	— Guerre du Péloponnèse
	1 fr. 50	— Morceaux choisis...
	1 fr. 50	XÉNOPHON : Anabase
	1 fr. 50	— base............
	0 fr. 50	— Chaque livre sép.
	1 fr. 50	— Apologie de Socrate
	fr.	— Cyropédie, livre I
	2 fr.	— livre II
	2 fr.	— Économique, chap.
		Instruction...
		des cavaliers, livre
		Cavalier (le)...

www.ingramcontent.com/pod-product-compliance
Lightning Source LLC
Chambersburg PA
CBHW060722050426

42451CB00010B/1575